| 典藏版 |

我如何从股市赚了 200万

[美] 尼古拉斯·达瓦斯 著　　符彩霞 译

（Nicolas Darvas）

HOW I MADE
$2,000,000
IN THE
STOCK MARKET

机械工业出版社

China Machine Press

图书在版编目（CIP）数据

我如何从股市赚了200万（典藏版）/（美）尼古拉斯·达瓦斯（Nicolas Darvas）著；符彩霞译 . —北京：机械工业出版社，2018.6（2025.5 重印）

书名原文：How I Made $2,000,000 in the Stock Market

ISBN 978-7-111-60004-6

I. 我… II. ①尼… ②符… III. 股票投资 - 基本知识 IV. F830.91

中国版本图书馆 CIP 数据核字（2018）第 096537 号

我如何从股市赚了 200 万（典藏版）

出版发行：机械工业出版社（北京市西城区百万庄大街 22 号 邮政编码：100037）

责任编辑：贾 萌

责任校对：李秋荣

印　　刷：北京科信印刷有限公司

版　　次：2025 年 5 月第 1 版第 14 次印刷

开　　本：147mm×210mm 1/32

印　　张：6.75

书　　号：ISBN 978-7-111-60004-6

定　　价：45.00 元

客服电话：（010）88361066 68326294

　　这是一本有趣的书。虽说作者一再强调自己用的是技术分析与基本面分析相结合的方法，但书中既没有堆砌大量的专业术语，也没有罗列许多技术指标，既没有复杂难懂最终也未定论的基本面分析，也没有变幻莫测叫人难以把握的技术分析。作者只是以散户的身份，讲述了一名普通投资者跌宕起伏的炒股经历。作者所取得的成功或许我们可望而不可即，毕竟那是在 20 世纪 50 年代的美国资本市场，那时正值美国经济蓬勃发展之际，也是后来称为新技术革命基石的电子信息技术迅速发展的初期。但作者一些独特的投资技巧和投资理念仍值得我们广大投资者学习借鉴。

　　作者的投资理念可以大致概括为：不听消息、不听谣言、只买成长性行业中的强势股。选股是每一个投资者遇到的首要问题，对于这个问题，不同的人有不同的答案，对应的也就是不同的操作手法和投资收益。作者像大多数普通投资者一样，经历过听消息、用纯粹的技术指标选股等阶段，但效果都不理想。经过反复摸索，作者领悟到靠消息炒股就好比是赌博，纯粹靠技术分析炒股赚少赔多，只有选择成长性行业中的强势股中线持有才能少赔多赚。

投资理念解决的是选股的大方向，具体到究竟买哪只股票以及买卖时机的确定还需要一些技巧，作者经过反复实践，总结出了一套行之有效的办法，可以大致概括为：感性选股、理性操作、突破买入、止损保护。作者认为，对于处于信息劣势的普通投资者来说，无法预知未来，也没有必要浪费时间去预测未来，我们不知道股票的顶和底在何处。在此前提下，只有通过仔细观察股票的走势才能对股票有感觉，因此是感性选股。很多投资大师都说投资是一门艺术，其根源在于市场参与者众多，并非所有的人都是理性的，而股价的高低点正是这些理性与非理性的投资者买卖出来的，因此需要感觉。一说到艺术和感觉，大家可能就会觉得很神圣，不可捉摸，其实感觉是可以培养的，这种培养就是通过对一只股票的长期观察来实现的。作者是一位顶级舞蹈艺术家，或许在培养感觉方面有优势。但即便感觉错了也没有关系，可以先试探性买入，然后存优汰劣，这样总能保证少赔多赚。有了信心有了方法，自然就可以理性操作，坐享胜利果实了。

衷心希望这本没有任何门槛的经典投资之作能给你带来投资新思路！

符彩霞

本书是一本有关美国股市的经典之作。

绝大多数股市经典之作所讲述的操作经历都要追溯到 50 年前或 75 年前，但本书记载的都是 20 多年前的操作经历，因此几乎可以说是和我们同时代的作品。

本书作者达瓦斯是一个具有创造性的人。不管是做拼字谜游戏、打乒乓球，还是跳世界上付酬最高的交际舞，他几乎都很成功。

达瓦斯就是要成为独一无二的人。他睿智的头脑从未停止过思考。往往他在纽约广场饭店的酒吧问我一个问题，两周后当我在巴黎的乔治饭店遇到他时，他会自己回答先前提出的问题。四周后，他会在蒙特卡罗的巴黎大饭店补充先前的答案。半年后，在巴西里约热内卢市的科巴卡巴纳海滩晒太阳时，他又会旧话重提。

我还记得有一次，当我与妻子以及作曲家迪克·曼宁夫妇，一起坐在捷克斯洛伐克[⊖]布拉格市的一家破旧而正统的所谓"一流"宾馆里时，电话铃响了。我敢打赌没有人知道我们在哪儿，就是我在纽约的秘书也不知道。但是达瓦斯找到了我。

难道有什么紧急情况？原来，达瓦斯是想听听我对他即将出版的新书《华尔街：另一个拉斯维加斯》封面颜色的看法。

因为不断有人想要这本书，所以它能再版我很高兴。书中的观点直白且令人震惊，应该让所有号称在华尔街的大赌场里"玩"的玩家都能看到这本书。

我还要向你透露一则有趣的插曲。自从本书成功出版以后，带动《巴伦周刊》的发行量翻了一倍。按说《巴伦周刊》欠了达瓦斯一份大人情，但《巴伦周刊》感谢的方式却很奇怪！它与其他几种财经报纸杂志一样，拒绝给达瓦斯的新书《华尔街：另一个拉斯维加斯》做宣传，因为该书揭露了经纪人和情报贩子的内幕，而他们都是《巴伦周刊》的忠实广告商。这些报纸杂志不仅不给我们的书做宣传，还明令禁止在其新闻栏目和文摘栏目中提起这本书。

这让我想起了自己年轻时当报社记者学到的一句谚语："吃人家的嘴软。"财经报纸杂志几乎对《华尔街：另一个拉斯维加斯》一书进行了全面封锁。《新闻周刊》本来为该书安排了一篇评论文章，但最后还是被枪毙了。《时代》杂志向达瓦斯要了一张个人照片来配发一篇故事报道，但是报道含糊其辞，根本没有提及

⊖ 捷克斯洛伐克已于 1993 年分为捷克和斯洛伐克两个国家。

该书的主题。

《华尔街：另一个拉斯维加斯》破坏了许多虚假的幻象，而这些幻象正是华尔街的陷阱。凡是看过这本书的人不会再像以前那样信任股票、经纪人或财经内部通讯了。或许如果这本书能成功再版，我们也会重印那本书。

你手里拿的这本书，是第一本戏剧性地改变了顾客对经纪人和经纪公司看法的书。

读了以后你就会明白个中缘由。领会书中含义就能充实你未来的股票操作态度。

莱尔·斯图尔特

1986 年 3 月写于新泽西州的利堡

　　我站在肯尼迪机场一个时髦的电话亭里。查利·斯坦带着一个漂亮女孩站在几尺开外。

　　他是哈德威克勋爵公司的总裁，总是随身带着一个漂亮女孩。他似乎特别乐于把我介绍给这个女孩，而且听那口气，正是因为他认识我所以更加显出他的重要！

　　通常我并不能从这种抬举中沾光，但今天与以往不同。因为我们都没有看到另一个漂亮女孩。她就站在边上，但我们看不见她，就叫她幸运女郎吧。

　　于是查利对我的利用终于对我也有利了一次，因为它促进了本书的再版。

　　当时我正在电话亭里试图给远在巴黎的女朋友打电话，但没有找到人，查利走过来开始他一贯的对尼古拉斯·达瓦斯的介绍。他反复提及我的名字，而且像往常一样声音很大。这时在旁边电话亭里打电话的一个陌生人走出来对他说："这家伙真是达瓦斯吗？你相信吗，我就像啃化学课本一样啃过他的书，而且采用他书中所写的方法赚了 10 多万美元了！"

我走出电话亭，这个陌生人对我说："真是活见鬼，这本书怎么会脱销呢？"

还不等我回答，他又说："我至少买了 12 本，但是好像现在不管花多少钱都弄不到一本。唯一剩下的一本经常被别人借走，我不得不央求朋友们还给我，他们最终倒是还给我了，但已破烂不堪。"

这个陌生人伸出手来。"谢谢你了，"他说，"如果不是要赶飞机，我真想请你吃顿饭或者喝杯饮料。我想告诉你的是，你虽然能在股市赚 200 万美元，但你在出版业可能赚不到钱！"

说话之间他握了握我的手，随后转身跑向一个登机口。

这件事对我触动很大。我站在那里哑口无言。在这本书出版了 10 年后的今天，我还会经常收到读者的来信。他们反复地向我询问书中某些问题的具体含义，绝大多数问题都属于同一类，而且这本书竟然脱销了！

它经受住了时间的考验。时间验证了我的炒股方法。我的书已经成了经典之作，有时在"绝版"书市上能卖到 20 美元一本。

是不是因为我特别幸运呢？是不是因为我正好赶上了一轮连傻瓜都能赚钱的失控的大牛市呢？还是说我的方法实在太好了，因此在任何市道下都有效呢？

事实是本书已经经受住了时间的仔细考验。

我从机场赶到莱尔·斯图尔特位于公园南大街的办公室。他出版了我的第二本书《华尔街：另一个拉斯维加斯》。他是个有胆量的家伙，敢冒风险。但是当我提到是否可能再版本书时，他肯定地对我说这根本就没有风险。经过简单讨论，我们决定将原著再版，而且不做任何改动。这是一本经典之作，无须做任何更新。估计约有100万名读者看过这本书。这本书的影响如此之大，以致美国股票交易所不得不修改有关止损卖单的规则。某些"权贵人士"对这本书是如此不满，以致他们力图劝说纽约州检察长对这本书提起野蛮的指控，后来检察长先生悄悄地撤诉了。（他起诉的时候大做文章，撤诉的时候却一声不吭！）

是的，我们将原汁原味地保留这本书最初的风格，但会增加一些读者问得比较多的问题以及我对这些问题的回答。你可以从"读者问答"中找到这一部分新增的内容。

显然我只回答了那些问得最多的问题，但是在这里我想谈谈一封没有提任何问题的信。相反，信中是对我的责备。

本书的一位读者举出好几页的数据指出，我已"错失一个金矿"。他坚持认为，如果我请两名全职助手，并运用我的系统操作两年以上，那么我在18个月内获得的回报将是初始投资（36 000美元）的3 000倍，换言之是1亿美元而不是区区225万美元。

这位读者说，我的错误在于我没能充分利用波动剧烈的走势和保证金交易。他还说，我也未能将我的利润重新投资。

当然这都是事后的看法。随信还附有详细的图表来证明这一点。我能在 18 个月内让我的资金翻 140 倍？ 200 倍？ 1 000倍？也许可以。但是，我从未对已经取得的成绩感到不高兴。因为凭借不断抬高止损位这一项措施，就保证了我从绝大多数股票中获利丰厚，从而避免了提前抛出，我平静地赢得了一大笔财富。

我发现并没有绝对安全的天堂。但是无论什么时候我都能够把损失控制在 10% 以内，因此不会给自己带来灭顶之灾。获利只是一个时间问题，因此持有一只不获利的股票 3 周以上就要找到很好的理由。

我的止损方法具有两方面功效。它让我抛出错误的股票同时买进正确的股票。凭借这一方法，这个过程得以迅速完成。我的方法显然不会对每个人都适用，但它很适合我。通过研究我的做法，我希望你能发现这本书对你有所帮助，并能给你带来利润。

尼古拉斯·达瓦斯
1971 年 2 月于巴黎

|目　录|

|第一部分|　赌徒

第1章　初入股市 / 2

　　就像所有漫无目标的小散户一样，我总是把赔钱归因于运气太差。我知道（我确信）总有一天我会赶上好运气。我从来没想到自己有什么错，从某种意义上说，如果我真能意识到自己错了的话，事情可能还会好一点儿。只有一次我买进后很快赚了钱，但那纯属偶然。

第 5 章　环球电报 / 70

股票就像人一样走势各异。有些股票走势平静、缓慢、保守，另外一些股票走势跳跃、敏感、激烈。我发现有些股票的走势容易把握，它们往往能保持一致而稳定的风格，走势合理。它们就像是我们可靠的朋友。

|第四部分|　技术＋基本面分析

第 6 章　小熊市 / 90

牛市就像阳光灿烂的夏令营，到处都是健壮的运动员，但记忆中某些股票比其他股票更强壮。熊市呢？阳光灿烂的夏令营这时已成了医院。大多数股票都病歪歪的，但其中一些股票病得比别的更重。

第 7 章　理论开始奏效 / 101

我仔细关注着每天的报价，就像一名斗士寻找挥出拳头的突破口一样，等待有利时机出现。到 1 月末，经过一次调整后，我所期待的向上爆发终于出现了。罗瑞拉德的股价开始坚定地冲破现在箱体的上轨。

第 8 章　第一个 50 万美元 / 118

我该怎么办？这只股票还会继续上涨吗？是否应该获利了结呢？也许它不会再继续上涨——可能会回调。这是一个可怕的困境，由于这次涉及的是一大笔资金，所以"什么时候卖"这个古老的难题被急剧放大。

第 9 章　第二次危机 / 131

我的第六感觉首先抛弃了我。我没有任何"感觉"了。我所能看到的只是一大堆股票在蹿上蹿下，毫无规律和理由。然后我的独立客观的心态也没有了，我逐渐抛弃了原来那套操作原则，转而秉持了其他人的操作态度。我首先知道的是我在从众。我的理智抛弃了我，而感情彻底主导了我的操作。

第 10 章　200 万美元 / 144

我感到高兴、轻松和无力，就像一位科学家经过多年的研究和工作，终于成功地将火箭发射向月球。当他看着火箭越升越高时，有一种巨大的成就感，同时也有一种奇怪的放松感，动都不想动了。

当我的股票就像设计好的火箭一样继续稳步攀升时，我就像这位科学家一样，现在只是站在一旁警惕地观察。

| 第一部分 |

赌　徒

我一天能给经纪人打 20 次电话，如果哪天我一次都没有交易，那我会觉得自己没在市场上尽到责任。

|第 1 章|

初 入 股 市

那是在 1952 年的 11 月，当我的经纪人给我打电话时，我正在纽约曼哈顿的"拉丁区"演出。他替我和我的舞伴朱莉娅接下一份去多伦多夜总会演出的差事。这家夜总会归阿尔·史密斯和哈里·史密斯所有，他俩是一对双胞胎兄弟，很推崇我。兄弟俩提出要付给我股票而不是现金作为酬劳，在演出生涯中我也曾遇到一些奇怪的事，但以股票付酬还是头一回。

进一步沟通后我才了解到史密斯兄弟准备付给我 6 000 股布里伦德公司（Brilund）的股票。这是一家加拿大矿业公司，史密斯兄弟拥有这家公司的股权，当时这家公司的股价是每股50 美分。

我知道股价有涨有落，这也是我所知道的有关股票的全部知识，于是我向史密斯兄弟提出了接受股票的条件，即如果布里伦德公司的股价在6个月内跌破每股50美分，由他俩向我补付差价。史密斯兄弟同意了。

凑巧的是后来我没能去多伦多演出。因为不忍心让史密斯兄弟失望，所以我主动提出，要从他俩手中购买6 000股布里伦德公司的股票以示友好。随后我给了他俩3 000美元的支票，并收到了6 000股布里伦德公司的股票。

股票收到后我就把这事忘了，直到两个月后的一天，我无意间在报纸上瞟了一眼这只股票的股价。这一瞟让我大吃一惊，我原来以每股50美分买入的布里伦德公司的股票，现在涨到每股1.90美元。我立刻卖掉了所有布里伦德公司的股票，并从这次交易中获利8 000美元。

刚开始这一切让我难以置信，真是不可思议。我感觉自己就像第一次参赛的人，托新手往往能赢的福。

当时我就认为自己以前错过了人生中的一件美事，于是决定入市。之后我从未背弃入市的决定，但也不知道在这一陌生的领域里会碰到什么问题。

当时我对股市一无所知，甚至都不知道纽约就有股市。我只听说过加拿大股市，而且只知道矿业股。我琢磨着既然买加拿大的矿业股赚了钱，显然从矿业股入手不失为明智之举。

问题是从何开始呢？又怎样找到要买的标的呢？总不能用针把要买的股票挑出来吧。我寻思要买股票必须获得信息，那么我面临的主要问题是：怎样获得有关股票的信息？现在我已认识到普通投资者实际上不可能获得此类信息，但当时我想只要多方打听就能打听到大秘密，而且还能跟那些知道消息的人混熟。此后，我逢人就问是否有股市的消息。在夜总会工作总能遇到有钱人，他们应该知道股市的消息。

于是我就问这些有钱人。那时常挂在我嘴边的一句话就是："你知道哪只股票好吗？"奇怪的是，我所问到的每个人似乎都知道一只好股票。这真是令人吃惊，显然我成了美国唯一没有一手股市消息的人。我热切地聆听他们所说的消息，而且虔诚地遵照执行，不管他们让我买什么我都买，直到很久之后我才发现，像我这样靠打听消息炒股永远也赚不到钱。

那时的我是那种典型的小散户，乐观、无知、频繁操作。在我曾经买过的股票中，有些连公司的名字都叫不出来，至于公司是做什么的、在什么地方更是一无所知，我之所以买这只股票完全是听别人说它好。恐怕没有比我更糊涂、更愚蠢的股民了。我只知道在最近一次夜总会演出中碰到的最后一位领班说过哪只股票好，其他一概不知。

1953 年年初我在多伦多演出。因为第一次买布里伦德公司的股票意外地赚了 8 000 美元，所以我把加拿大视为赚钱福地，并认为这是找到"热门消息"的好去处。我向好几个人打听是否认识素质好、靠得住的经纪人，最后有人向我推荐了一位。

当我找到这位经纪人的办公室时，说真的让我大吃一惊也大失所望。他的办公室又小又破，看起来像监狱，屋子里堆满了书，墙上涂满了各种奇怪的符号，后来我才明白墙上画的是"图表"。我在他的办公室里感受不到半点成功或效率的氛围，只看见一位忙碌的小个子男人坐在办公室的翻盖桌子后面，他正在细心研究那些统计数据和书。当我问他哪只股票好时，他立刻做出了反应。

他微笑着从口袋里掏出一张股息息票，上面写着一家有名的黄金公司 Kerr-Addison 的名字。

他站起来对我说："朋友，仔细看看这张息票，它现在的价值是我父亲当初购买公司原始股时价值的 5 倍，这正是大家梦寐以求的那种股票。"

每股红利价值就是原始股价值的 5 倍啊！这让我备感兴奋，相信任何人都会为此兴奋不已。息票上标明每股红利是 80 美分，由此推算，他父亲当初买的原始股每股价格只有 16 美分，这真是太好了。当然我没有考虑到，他可能已经持有他父亲购买的原始股长达 35 年之久。

这位小个子男人跟我讲起了多年来他是怎样挖掘此类股票的。鉴于他父亲买黄金股取得了成功，他推断金矿公司中必有此类股票。他向我吐露说最后他终于找到了目标，股票名称是 Eastern Malartic。根据他所收集到的有关这家公司的产量数据、估算数据和财务信息，他预计这些金矿的产量可以在现有水平上再翻一倍，因此现在投入 5 美元买这些金矿的股票不久就会涨到 10 美元。

听他分析得这么头头是道，我立即以每股 2.90 美元的价格买进了 1 000 股 Eastern Malartic 公司的股票。随后我焦虑不安地盯着这只股票，它的价格却一路下滑到每股 2.70 美元，然后是 2.60 美元，几周后又继续跌到每股 2.41 美元，最后我急急忙忙将这些股票抛出。通过这次事件我断定这位工作细致、满脑子统计数字的经纪人根本就不知道如何炒股赚钱。

尽管这次没赚到钱，但股票还是让我着迷，我继续靠打听消息炒股，不过获利的不多。如果有哪次赚了钱，盈利也很快被亏损抵消了。

我就是这么一位炒股新手，甚至都不知道买卖股票还要付经纪人佣金和交易税。例如，1953 年 1 月我买进 10 000 股 Kayrand Mines 公司的股票，股价是每股 10 美分。

之后我就像猫一样紧张地盯着股市，第二天当 Kayrand Mines 公司的股价涨到每股 11 美分时，我打电话告诉经纪人将我买的那 10 000 股全部抛出。我寻思在一天的时间里就赚了 100 美元，这种小步快走、积少成多的办法看来不错。

当我把我的想法告诉经纪人后，他说：“股价在涨，你为什么要亏钱卖呢？”——“亏钱？”我还赚了 100 美元啊！他细致地向我解释，我买 10 000 股股票需要支付 50 美元的经纪人佣金，第二天卖出时又要支付 50 美元经纪人佣金。另外，买卖时还要支付交易税。

Kayrand Mines 只是那时我买卖过的诸多奇怪的股票之一，其他还有 Mogul Mines、Consolidated Sudbury Basin Mines、Quebec Smelting、Rexspar、Jaye Exploration 等，都是一些矿业公司的股票。我没有从这些股票上赚到一分钱。

虽然没赚到钱，但我还是快乐地炒了一年加拿大公司的股票。当时我的自我感觉很好，觉得自己是个成功的商人、了不起的股市操盘手。我就像蚱蜢一样快速地进出市场，如果哪次能赚到两个点，都高兴得不得了。那时我经常同时拿着二三十只股票，每只股票数量都不多。

由于各种原因，我对其中某些股票产生了好感，有些是因为这只股票是我的一位好朋友推荐给我的，还有的是因为我曾经在这只股票上赚过钱。基于种种类似的原因我对某些股票产生了偏好，当我意识到这一点时，我已经开始持有这些"偏好的股票"舍不得卖了。

我将这些"偏好的股票"视为我的附属品，它们就像我的家人一样。每日每夜我想的都是它们的优点，谈起它们就像谈起自己的孩子一样。换成是其他任何一个人，可能并不觉得我偏好的这些股票与其他股票相比有何独特之处，但我压根就没想过这一点。一直到有一天，当我发现正是我所偏好的这些股票使我损失最大时，这种心态才有所改变。

有几个月，我的交易记录都赶得上一家小型交易所的交易记录了。当时我认为我所做的一切都是对的，我似乎快要脱颖而出了。但如果我仔细看看我的账单，就不会自我感觉这么好。因为看了账单就会明白，我当时的操作就像赌马者一样，股价一涨就兴奋，赚一点点小钱就觉得激动不已，对损失却视而不见。我完全没有意识到，自己持有许多股价已跌破买入价，而且看起来也涨不动的股票。

这时我的操作无异于狂热、愚蠢的赌博，根本就不想操作的理由。我总是凭着"直觉"操作，靠碰运气，或是听信别人告诉我的任何事情，如找到铀矿的谣言、发现石油等。尽管赔钱是常事，但偶尔小赚一次又带给我希望，就好比总有一根胡萝卜在驴鼻子前晃荡一样。

我就这样买卖了好几个月的股票，直到有一天我决定翻看一下我的账本。这一翻不要紧，我把我所持有的赔钱的股票市值加起来一算，才发现自己赔了将近3 000美元。

此时我开始怀疑我的赚钱计划有些不对头，同时一个神秘的幽灵在我的脑后对我低语，其实我的操作没有一点思路。

尽管如此，我还是照旧前行。我安慰自己说，赔了3 000美元，就相当于刚开始我从布里伦德公司的股票上少赚了

3 000 美元，扣掉这 3 000 美元，我还从布里伦德公司的股票交易中赚了 5 000 美元。但如果我继续按这种思路炒股，剩下的那 5 000 美元利润又能在我这儿待多久呢？

下面列举的这些操作记录，只是从我的损益账户上摘下来的一页，它浓缩了整个惨痛的炒股失败的故事。

Old Smoky Gas & Oils

买入价：0.19 美元／股

卖出价：0.10 美元／股

Kayrand Mines

买入价：0.12 美元／股

卖出价：0.08 美元／股

Rexspar

买入价：1.30 美元／股

卖出价：1.10 美元／股

Quebec Smelting & Refining

买入价：0.22 美元／股

卖出价：0.14 美元／股

由于我一直沉迷于赚取小利，所以都没有注意到，这段时间其实平均每周赔了约 100 美元。

这是我第一次在股市遭遇困境，接下来的 6 年中，我在股市遇到了更多、更严重的困境，但从某种程度上说，这是最麻烦的一次。此时我要做的是，决定是否还要继续留在股市里。

我决定继续留下来进行新的尝试。

接下来的问题是要做什么，这次方法必须有所不同。我能改进方法吗？事实证明，像以前那样听从夜总会顾客、领班和舞台工作人员的建议炒股是不行的，因为他们只是跟我一样的业余人士，不管他们给我指点迷津时显得多有把握，但实际上知道的并不比我多。

我一页一页地翻看我的佣金明细单，上面写着：买入价 0.90 美元 / 股，卖出价 0.82 美元 / 股……买入价 0.65 美元 / 股，卖出价 0.48 美元 / 股……

谁能帮我找到股市涨跌的奥秘呢？我已经开始翻看加拿大的财经出版物，如《加拿大股票行情表》，并逐渐关注起建议性的新闻摘要栏目，上面有对在多伦多股票交易所挂牌上市的股票的投资建议。

同时我认定，如果想继续炒股就要得到专业化帮助，于是我订了一些提供财经信息的咨询服务，我寻思毕竟他们是专家。我决定，不再根据陌生人或是像我一样的业余股票爱好者的零散指点炒股，转而遵照专家们的专业化建议投资。如果遵循他们高超而明智的教诲，我一定会成功。

有些提供财经咨询服务的公司可以试订，花 1 美元就可以先试订 4 期的财经信息。在正式购买咨询公司有价值的服务之前，先行试订就算是测试公司的信誉吧。我给了他们约 12 美元试订费，同时开始急切地收阅它们发来的财经信息。

纽约有些声誉很不错的财经咨询服务公司，但是我所订阅的加拿大的财经信息，完全是给傻瓜交易者看的。我是怎么认识到这一点的呢？它们发给我的财经咨询信息让我欣喜而兴奋，在它们看来，股市投机是件急迫而容易的事。

它们会在咨询信息栏上用大标题写道：

> "赶快买入这只股票，迟了就来不及了！"
>
> "满仓买入！"
>
> "如果你的经纪人对这只股票提出异议，那就炒他的鱿鱼！"
>
> "这只股票会让你翻倍甚至更多！"

这些听起来当然是真实而热烈的信息，比起以前我在餐馆听到的那些零散指点要可信得多。

我急切地翻阅这些推荐信息，其字里行间充满了无私的兄弟般的友爱。其中一份写道：

> "小人物将有绝佳机会从头参与一项卓越的新发展，这在加拿大金融史上还是第一次。"
>
> "华尔街的大财阀正准备收购我们公司的所有股票，但是我们只想让中等收入的投资者参与此事，比

如说像你这样的人，这样做显然是为了免受恶习侵扰……"

这个人就是我！它们准确地把握了我的状况。我正是它们所说的那种小人物的典型，因为受到华尔街大财阀的随意摆布，所以需要同情。事实上我应该被人同情的是我的愚蠢，而不是被华尔街大财阀随意摆布。

每次看到这样的信息，我都会立即打电话买入它们所推荐的股票，可结果总是下跌。我不明白这是为什么，但一点也不担心，因为我相信，它们推荐股票时一定有它们的理由，它们推荐的下一只股票一定会涨，但事实很少如此。

> 我还没搞清楚，就遇到了小散户都会遇到的一个大问题，即何时入市，这几乎是个无法解决的问题。只等小散户买进股票，股价就立即开始突然下挫，这是最让业余投资者困惑不解的事。

我还没搞清楚，就遇到了小散户都会遇到的一个大问题，即何时入市，这几乎是个无法解决的问题。只等小散户买进股票，股价就立即开始突然下挫，这是最让业余投资者困惑不解的事。我也是过了好几年才意识到，问题在于当这些财经情报贩子建议小散户买入某只股票时，那些拥有内幕消息、早已在低位建仓的职业操盘手却在卖出。

拥有内部消息的资金在撤退，与此同时我们这些小游资却在涌进。这些游资不仅不是来得最早、资金规模最大的资金，而且是来得最晚、资金规模最小的资金。他们买得太晚了，此时一旦职业操盘手离场，由于他们的资金量实在太小，并不足以支撑如此虚高的股价，所以随后股价必然下跌。

现在我明白了这个道理，但当时我并不明白我买的股票为什么总是跌，我想可能是运气不太好。现在回想起当时的情况，我明白了，当时采取这种方法投资注定会赔光。

当时我每投资100美元，基本上很快就会赔二三十美元。但是确实也有那么几只股票涨了，这时我会十分高兴。

后来即使我必须返回纽约，我也仍然通过电话，向多伦多的经纪人下达买卖指令。

我之所以会这样，是因为我当时都不知道，通过纽约的经纪人也能买卖在加拿大股票交易所挂牌交易的股票。多伦多的经纪人会打电话告诉我买卖建议，我一般都会买入经纪人或加拿大财经咨询服务公司推荐的股票。就像所有漫无目标的小散户一样，我总是把赔钱归因于运气太差。我知道（我确信）总有一天我会赶上好运气。我从来没想到自己有什么错，从某种意义上说，如果我真能意识到自己错了的话，事情可能还会好一点儿。只有一次我买进后很快赚了钱，但那纯属偶然。

举个例子，我很喜欢看《加拿大股票行情表》，有一天，我在上面看到一只名为 Calder Bousquet 的股票。我并不熟悉这只股票，也不知道这家公司是生产什么的，但它的名字听起来很美妙，我喜欢它的发音，于是就以每股 0.18 美元的价格买了 5 000 股，价值 900 美元。

随后我必须飞到马德里参加演出。一个月后，当我从马德里回来再翻开报纸找到这只股票的报价时，它已经涨到 0.36 美元 / 股，比我当初买进的价格高出了一倍。于是我将其全部卖出，获利 900 美元。这纯粹是撞大运。

这绝对是撞大运，因为我并不知道这只股票为什么会涨，而且如果不是要到西班牙去跳舞，我可能在股价涨到 0.22 美元时就已将它卖出，根本等不到翻倍的时候。我在西班牙时看不到加拿大的股票报价，不知道股价走势也就不担心，这反而避免了以往小赚一点就迅速抛出的情况。

现在回过头来看，这段时期我的行为真是奇怪且疯狂。那时我觉得自己真的就是一个正在走向职业巅峰状态的操盘手了。因为这个时候我得到的买卖消息，要比以前从舞台领班、更衣室里得到的消息更有价值。这个时候，我在加拿大的经纪人会打电话向我透露消息，我的财经顾问也会提供建议，如果我真能获得情报，我自己感觉这种情报是直接得来的一手情报，而不是以前那种转了好几道手才得来的二手情报。我特意结交更多成功的生意人，他们在鸡尾酒雅座酒吧里向我透露，石油公司将会发现石油,从而变得富有。他们小声告诉我阿拉斯加发现了铀,向我吐露魁北克激动人心的发展势头。如果我现在就买入这些股票,所有这些信息会保证我将来赚到大笔财富。我确实买了,却并没有赚到钱。

1953年年末当我回到纽约时,我在加拿大先后投入的11 000美元只剩下5 800美元。我又一次不得不思考我的做法。显然,生意人的情报并没有带来他们所许诺的财富。咨询服务公司也未能提供让我从股市赚到钱的有用信息。他们推荐的股票跌的远多于涨的。我在纽约的报刊上看不到我所买的一些加拿大公司的股票报价,但是这时我对股票报价实在太着迷了,因此我开始翻看诸如《纽约时报》《纽约先驱论坛》和《华尔街日报》等报纸的财经栏目。这时我并没有买任何在纽约股票交易所挂牌交易的股票,但我还能记得一些名字听起来很动听的股票对我产生的影响,也能记得一些神秘的术语如"场外交易"(over-the-counter)对我产生的吸引力。

报纸看得越多,我对纽约股市的兴趣就越大。我决定除了保留一只加拿大股票外,其余的全部抛出,这只股票名为 Old Smoky Gas & Oils,是一家石油天然气开采公司,我之所以保留它没卖,是因为首次向我推荐这只股票的人说,这家公司会有突飞猛进的发展。像以往一样,随后这家公司并没有出现什么突飞猛进的发展,我在回到纽约5个月后终于放弃了这种不公平的挣扎，将最后一只以每股 0.19 美元买入的加拿大公司的股票，以 0.10 美元的价格全部卖出。与此同时，我想如果离家更近的纽约股票交易所机会更多，那么离得近蒙骗起来也应该难一点。于是我打电话给我的一位朋友埃迪·埃尔科特，他是一位纽约戏剧经纪人，我问他是否认识纽约的股票经纪人，他向我介绍了卢·凯勒。

| 第二部分 |

基本面分析

　　我被彻底打垮，十分沮丧。我曾自认为
是华尔街科学的操盘手，现在这种自鸣得意
的想法被击得粉碎。

第 2 章

走进华尔街

我称这位纽约的经纪人为卢·凯勒，我向他报上姓名并说出了我的需求。第二天他就发过来一些文件让我签名，并嘱咐说，只要我在返还这些签名文件的同时缴纳一笔保证金，我就能在他的经纪公司开一个账户。当我收到他的开户通知时有一种奇妙的感觉，突然开始觉得自己正在融入财经领域。以前我还从未亲身到过华尔街，所以无法描述那儿的情景，但就是华尔街这个名字，也有一种近乎神秘的东西深深地吸引着我。

在华尔街，一切都变得严肃起来，与加拿大的风格迥异。这时我意识到，自己在加拿大的投资入门经历纯粹是疯狂的赌博，我再也不会重蹈覆辙。

当我仔细研究刊登在纽约本地报纸上的那一长串枯燥的股票报价时，我感觉自己即将翻开人生中崭新而成功的一页。早先的加拿大股市，被各种发现新金矿和新铀矿的小道消息左右，风险极大，而纽约股市却与之全然不同。主导纽约股市的是那些负责的企业、银行老总和大型工业联合，我准备满怀崇敬之心投身纽约股市。

鉴于加拿大不太成功的投资经历，我想采取更谨慎、更成熟的方式进入纽约股市。入市之前，我把从加拿大股市转过来的资产加总起来算了算。我在加拿大股市的初始投资额是11 000美元，即最初购买布里伦德公司股票的3 000美元本金，再加上8 000美元利润。经过我在加拿大股市历时14个月的操作后，已经缩水5 200美元，也就是说现在这11 000美元只剩下5 800美元了。

用这点钱到华尔街买股票有点少，于是我决定将投资额增加到10 000美元，好凑个整数，补充资金来自我从事演出活动赚得的收入。我把这笔钱存入了我在经纪人那里开的账户。

然后有一天我决定开始操作。我打电话给卢·凯勒，还装着若无其事的样子，想冒充炒股老手，只是问他买什么好。

现在我认识到这种问法有多笨，但当时凯勒先生还是一视同仁地回答了我的问题。他推荐了好几只"安全的股票"，并从公司基本面的角度解释了这些股票之所以"安全"的理由。虽然我并不太理解他所说的内容，但我还是全神贯注地听他说诸如股利增长、股票拆细和收益增长等名词术语。当时这些已是我听过的最专业的投资建议了。这个人既然能在华尔街混饭吃，那他显然知道这些。另外，他只提供"建议"而非要求。他一再强调最终决定权"在我"，让我觉得自己既重要又负责，感觉很受用。

他向我推荐的一两只股票很快就涨了几个点，这时我深信他给我的投资建议是很有价值的，我天生就具有成为一名优秀炒股者的能力。其实我不知道，当时我正好处于一轮历史上从未有过的大牛市，在这种市道下，除非是运气极差，否则账户里要想没有一点浮盈都不容易。

下面是我在 1954 年年初进行的三笔典型的买卖交易，这些交易使我深信，自己天生就应该在华尔街混。下面列出的交易价格和本书随后将列出的所有交易价格一样，都已包含了手续费和印花税。

> **200 股 Columbia Pictures 股票**
>
> 　买入价：20 美元 / 股（总计 4 050.00 美元）
>
> 　卖出价：22 ⅞ 美元 / 股（总计 4 513.42 美元）
>
> 　　　　　　　　　　　　　　　　　收益：463.42 美元
>
> **200 股 North American Aviation 股票**
>
> 　买入价：24 ¼ 美元 / 股（总计 4 904.26 美元）
>
> 　卖出价：26 ⅞ 美元 / 股（总计 5 309.89 美元）
>
> 　　　　　　　　　　　　　　　　　收益：405.63 美元

100 股 Kimberly-Clark 股票

买入价：53 ½ 美元 / 股（总计 5 390.35 美元）

卖出价：59 美元 / 股（总计 5 854.68 美元）

收益：<u>464.33 美元</u>

总收益：1 333.38 美元

请注意，在这三次交易中，我每笔交易都只净赚了 400 多美元，这个利润并不是很大，但加总起来就是 1 333.38 美元，在几个星期里就能获利这么多，让我觉得炒股既简单又顺利，一切尽在我的掌控之中。

在华尔街炒股还能获利，这种感觉连同对华尔街天生的敬畏一起，让我有点盲目乐观。我自认为，正在逐渐从加拿大的业余股民蜕变为圈内人士。当时我并没有意识到虽然赚了钱，但我的投资方法并没有提高——我只是在用一些浮夸的词语来掩盖这一事实。例如，我不再把经纪人的建议视为小道消息，而是称之为"信息"。在我看来，我已经不再靠打听小道消息炒股了，转而根据经纪人发来的信息炒股，这些信息建立在有效的经济数据的基础上，因此是可信的。

我乘着投资的小船快乐前行。下面是我在 1954 年 4 ～ 5 月的交易记录：

股票名称	买入价（美元 / 股）	卖出价（美元 / 股）
Nationai Container	11	12 $\frac{3}{8}$
Tri-Continental Warrants	5 $\frac{1}{8}$	6
Allis-Chalmers	50 $\frac{3}{4}$	54 $\frac{7}{8}$
Bucyrus-Erie	24 $\frac{3}{4}$	26 $\frac{3}{4}$
General Dynamics	43 $\frac{1}{2}$	47 $\frac{1}{4}$
Mesta Machine	32	34
Universal Pictures	19 $\frac{5}{8}$	22 $\frac{3}{4}$

获利、获利、获利。不断的获利使我的自信心膨胀到极点。华尔街显然不是加拿大，在华尔街，不管我买什么股票都能赚钱。到 1954 年 5 月底，我的 10 000 美元已经增加到 14 600 美元。

偶尔遇到挫折我也不在意，我将它们视为通往繁荣的上升途中不可避免的、轻微的回调。另外，我将所有赚钱交易的功劳归于自己，而赔钱交易的责任归于经纪人。

我继续频繁买卖。有时我一天能给经纪人打 20 次电话，如果哪天我一次都没有交易，那我会觉得自己没在市场上尽到责任。如果我看到一只新股票，我就想买进，此时我对新股票的渴望，就像孩子渴望得到新玩具一样。

下面列出的是我在 1954 年 7 月在华尔街进行的操作，从中可以看出为了获得一点蝇头小利我所付出的精力：

200 股 American Broadcasting-Paramount 股票

　　买入价：16 $\frac{7}{8}$ 美元 / 股，共 100 股（总计 1 709.38 美元）

　　　　　　17 $\frac{1}{2}$ 美元 / 股，共 100 股（总计 1 772.50 美元）

　　卖出价：17 $\frac{7}{8}$ 美元 / 股（总计 3 523.06 美元）

　　　　　　　　　　　　　　　　　　收益：41.18 美元

100 股 New York Central 股票

　　买入价：21 $\frac{1}{2}$ 美元 / 股（总计 2 175.75 美元）

　　卖出价：22 $\frac{1}{2}$ 美元 / 股（总计 2 213.70 美元）

　　　　　　　　　　　　　　　　　　收益：37.95 美元

100 股 General Refractories 股票

　　买入价：24 $\frac{3}{4}$ 美元 / 股（总计 2 502.38 美元）

　　卖出价：24 $\frac{3}{4}$ 美元 / 股（总计 2 442.97 美元）

　　　　　　　　　　　　　　　　　　损失：59.41 美元

100 股 American Airlines 股票

　　买入价：14 $\frac{3}{4}$ 美元 / 股（总计 1 494.75 美元）

　　卖出价：15　　美元 / 股（总计 1 476.92 美元）

　　　　　　　　　　　　　　　　　　损失：17.83 美元

　　　　　　　　　　　　　　　　　　总收益：79.13 美元

　　　　　　　　　　　　　　　　　　总损失：77.24 美元

　　我从这些交易中获得的净收益是 1.89 美元。唯一对此感到高兴的人是我的经纪人。因为根据纽约股票交易所的规则，他将从这 10 次交易中获得总计 236.65 美元的佣金。顺便说一句，我这 1.89 美元的净收益中还不包括下单时的电话费。

尽管如此，也只有一件事真正让我烦心，那就是经纪人跟我讲股市行情时有一半我都听不懂。我不想在经纪人面前显得无知，因此打算研读股市知识。除了继续看《纽约日报》上的财经栏目以外，我开始看一些有关股市的书，以便能与经纪人在同一层次上进行交流。

> 通过研究，我逐渐了解了一系列新名词，而且总想试着用这些名词。我对盈利、股利和股本等词很着迷。

通过研究，我逐渐了解了一系列新名词，而且总想试着用这些名词。我对盈利、股利和股本等词很着迷。现在我明白了"每股收益"是指"公司的净利润除以流通股本"，"上市证券"是指"那些在纽约股票交易所和美国股票交易所挂牌交易的股票"。

我努力弄清股票、债券、资产、利润和收益等名词的定义。

市面上关于股市的书有好几百本，其数量可能比许多文艺方面的书还要多，因此我要读的书还是很多的。

这一时期我研读了下面这些书：

作　者	书　名
R. C. Effinger	*ABC of Investing*
Dice & Eiteman	*The Stock Market*
B. E. Schultz	*The Securities Market：And How It Works*
Leo Barnes	*Your Investments*

（续）

作　者	书　名
H. M. Gartley	*Profit In The Stock Market*
Curtis Dahl	*Consistent Profits In The Stock Market*
E. J. Mann	*You Can Make Money In The Stock Market*

掌握了这些新名词，再加上我自己感觉知识渐长，因此变得更加雄心勃勃。我觉得，找到另一只像布里伦德公司一样能翻倍的股票的时机已经来临。我深信在某个地方一定会有一只华尔街的大牛股，现在它看起来还是"一文不值的仙股"，但将来一定会有出色表现。

我开始订阅一些咨询公司的市场资讯信息，如穆迪、惠誉国际和标准普尔公司的评级报告。在我看来它们的报告内容十分精彩，但我却并不理解。

下面是从它们的报告中摘录下来的一段内容：

> "预期消费者在耐用品、非耐用品和服务方面的开支将增加，再加上企业生产效率的显著提升，这将促使公司盈利好转、股利增长，因为这些公司的盈利状况将反映这些利好的经济条件。受这种利好市场将继续的影响，我们预计，目前这种已持续一段时间的不正常的经济形势，短期内仍将延续。"

这些报告严肃、庄重，报告内容除了没有讲哪只股票将会像布里伦德公司的股票一样大涨以外，讲述了其他我想知道的一切。

当我翻阅它们的报告时，出于难以抑制的好奇，我还想看看其他股市咨询公司是怎么说的。我在报纸上看到过试订广告，就像我在加拿大曾经试订过的那种咨询服务，1 美元可以试订 4 个星期的某种资讯。不久我发现自己几乎试订了所有在报纸上刊登过广告的咨询服务。

我从日报、财经专栏、书的封面等各种渠道，收集有关财经咨询服务公司的广告，只要一看到新的财经咨询服务广告，我就会立即把试订费邮寄过去。

等收到它们发来的咨询报告一看，我备感惊讶，因为它们的建议经常互相矛盾。通常的情况是同一只股票这里推荐买入，那里却建议卖出。我还发现它们提出的所有建议语义都很模糊。比如它们经常会用"回调时买入"或"应该在下跌时买入"之类的说法。但没有人明确告诉我什么叫回调，什么叫下跌。

我并没有太在意这些细节，依旧急切地收看它们发来的咨询建议，希望能从中发现股票只涨不跌的秘密。

有一天，我看到一份用铜版纸印刷的咨询报告，整篇报告看上去像一本书，在报告中，这家公司颇为自得地宣称一年只发布五六次咨询信息，同时详细分析了一只名为埃默森唱片公司⊖（Emerson Radio）的股票。报告深入分析了埃默森唱片公司的股本、销售额、税前利润、税后净利、每股收益和相对市盈率（相对市盈率＝股价／每股收益）等指标，经过比较，报告认为，这家公司的投资评级优于当时唱片行业的巨头 R.C.A. 唱片公司⊖。

我当时并不理解报告内容，但报告中有理有据的分析深深打动了我。报告经过推理分析认为，埃默森公司的股票应该值 30 ～ 35 美元／股，与当时 R. C. A. 公司的股价相当，而当时埃默森公司的股价只有约 12 美元。

看了这么精彩的推荐报告后，我自然买入了埃默森公司的股票。我是以 12½ 美元的价格买的，与那本印刷精美的小册子上宣称的肯定值 35 美元／股相比，这个价位应该算很低了。随后情况怎样呢？这只被认为肯定要大涨的潜力股开始持续下跌。最后我十分困惑地将它割肉抛出。

现在我敢肯定，这篇印刷精美的报告的作者，即那位严肃的华尔街分析师除了强烈的主观愿望外，其实什么都不知道，

⊖　埃默森唱片公司成立于 1948 年，后来发展成为家电、影音产品的市场领导者之一。在作者关注到它的 20 世纪 50 年代中期，这家公司刚成立不久，相对于下文提到的 R.C.A. 唱片公司来说，属于这个行业的新兵。——译者注

⊖　R.C.A. 唱片公司全称为美国唱片公司 (Radio Corporation of America)，该公司成立于 1901 年，到 20 世纪 50 年代中期，已具有半个多世纪的历史，是当时唱片行业的品牌公司之一。——译者注

但是为了验证这篇报告是否真有价值，我必须跟踪这只股票，结果到 1956 年年末，埃默森公司的股价跌到了 5¾ 美元。

大约就在这个时候，我第一次听到一句在华尔街流传了几十年的格言，即"赚钱的人是不会破产的"⊖。我被这句话深深触动，并急忙将其付诸实施。下面就是我的实施情况。

1955 年 2 月初，美国凯撒铝业公司（Kaiser Aluminum）是当时的市场龙头股之一。遵照经纪人的建议，我以 63⅜ 美元 / 股的价格买入 100 股，总计支付 6 378.84 美元。随后该股直线上涨，我在它涨到 75 美元 / 股的时候卖出，收入 7 453.29 美元，在不到一个月的时间里，这只股票让我获利 1 074.45 美元。

抱着再次快速获利的希望，我在卖出美国凯撒铝业公司的股票后，转而又以 83 美元 / 股的价格买入 100 股波音公司的股票，总计支付 8 343.30 美元。我刚买进，这只股票就开始下跌，4 天后，我以 79⅞ 美元 / 股的价格全部抛出，收入 7 940.05 美元。在波音公司的这次股票买卖中，我共损失了 403.25 美元。

⊖ 根据上下文意思，这句话用在本文中确切地说应该是卖掉赚钱的股票的人是不会赔钱的。著名投资大师巴菲特在《巴菲特致股东的信》中对这句格言提出过异议，他认为只要股票价值没有被高估，那么不管现在已获利多少都不应该卖出，即获利并不是卖出的理由。—译者注

为了弥补在波音公司上的损失，我又在 4 月的第一周，以 $89\frac{3}{4}$ 美元 / 股的价格买入了 100 股 Magma Copper 公司（一家铜业公司）的股票，总计支付 9 018.98 美元。我刚买进，公司股价就开始下跌。两周后，我以 $80\frac{1}{2}$ 美元 / 股的价格将其全部抛出，收入 8 002.18 美元。这次交易共损失 1 016.80 美元。

此时我在 3 月份的第一周抛出的美国凯撒铝业公司，已经涨到 82 美元 / 股。一家咨询顾问公司正在推荐这只股票，于是我又以 82 美元 / 股的价格买回 100 股，总计支付 8 243.20 美元。

5 分钟后这只股票就开始下滑。为了避免损失扩大，我迅速以 $81\frac{3}{4}$ 美元 / 股的价格将其抛出，收入 8 127.59 美元。也就是说我在这 5 分钟的交易中损失了 115.61 美元，包括佣金。

在第一次美国凯撒铝业公司的股票交易中，我获利 1 074.45 美元，随后的几次进进出出共损失 1 535.66 美元。因此，我在这一轮从美国凯撒铝业公司开始也是以其结束的交易中，总共损失 461.21 美元。

如果我在刚开始以 $63\frac{3}{8}$ 美元 / 股的价格买进美国凯撒铝业公司的股票后，一直持股不动，最后再以 $81\frac{3}{4}$ 美元 / 股的价格卖出，虽然整个交易的起点和终点是一样的，但结果将大不相同，这样的话我将获利 1 748.75 美元，而不是损失 461.21 美元。

下面是另一个例子。从 1954 年 11 月到 1955 年 3 月间，我曾多次买卖美国瑞安公司（Rayonier，主营木材）的股票，其间公司股价在 8 个月内，从大约 50 美元涨到了 100 美元。下面列出了我买卖瑞安公司股票的交易记录，每次都是 100 股：

1954 年 11 ～ 12 月

  买入价：53 美元 / 股（总计 5 340.30 美元）

  卖出价：58 ¼ 美元 / 股（总计 5 779.99 美元）

                      收益：439.69 美元

1955 年 2 ～ 3 月

  买入价：63 ⅞ 美元 / 股（总计 6 428.89 美元）

  卖出价：71 ⅝ 美元 / 股（总计 7 116.13 美元）

                      收益：687.24 美元

1955 年 3 月

  买入价：72 美元 / 股（总计 7 242.20 美元）

  卖出价：74 美元 / 股（总计 7 353.39 美元）

                      收益：<u>111.19 美元</u>

                  总收益：1 238.12 美元

我从这一系列交易中总计获利 1 238.12 美元。之后，又开始了以往的赔钱之旅。1955 年 4 月，我在卖出瑞安公司的股票后，转而又以 8⅜ 美元 / 股的价格，买入 1 000 股马纳堤糖业公司（Manati Sugar）的股票，总计支付 8 508.80 美元。之后该股立即开始下滑，我分别以 7¾ 美元 / 股、7⅝ 美元 / 股和

7¹/₂ 美元 / 股的价格将其陆续抛出，收入 7 465.70 美元，共损失 1 043.10 美元。这样一来，我在瑞安公司和马纳堤糖业公司股票交易中的合计收益，只剩下 195.02 美元了。

如果当初我不是老想着要不断获利，而是在 1954 年 11 月以 53 美元 / 股的价格买入瑞安公司的股票后一直持股不动，到最后在 1955 年 4 月，以 80 美元 / 股的价格卖出，那么我将获利 2 612.48 美元，而不是现在的 195.02 美元。

这些说明什么呢？当时我并不太了解，但它有力地驳斥了那句华尔街格言，即"赚钱的人是不会破产的"。从我这一系列交易的结果来看，显然赚钱的人也会破产。

> 从我这一系列交易的结果来看，显然赚钱的人也会破产。

另一句让我着迷的股市格言是"低买高卖"。这句话听起来比"赚钱的人是不会破产的"更好，但我上哪儿才能买到便宜的股票呢？当我寻找交易机会时，发现了柜台市场，这里交易的都是非上市股票。我从书里了解到，公司股票只有接受严格的财务监管，才能在股票交易所上市并交易，但柜台市场交易的股票不受此限制。

因此我认为这是找到便宜股票的最佳场所，因为这里的股票都没有上市，所以我天真地认为知道这些股票的人并不多，我应该能以很便宜的价格买到手。于是我急忙订阅了一份名为

《柜台市场股票评论》的月刊，开始寻找便宜的股票。

我努力从成千上万只待售的股票中寻找，曾先后买过以下公司的股票：Pacific Airmotive、Collins Radio、Gulf Sulphur、Doman Helicopter、Kennametal、Tekoil Corporation，还有一些公司的名字更是鲜为人知。当时我怎么也不明白，为什么当我要出售这些股票时，有些却像沥青一样牢牢地粘在我的手上。我发现这些股票很难出手，而且我基本上无法以买入价卖出。为什么会这样呢？因为柜台市场并没有上市股票那样严格的报价制度，而且这里也没有股票专营商——他们为股票交易提供短暂的流动性，保证市场运行连续有序，也无从知晓已经成交的交易价格。这里只有"买入价"和"卖出价"。我发现买卖双方的价差往往很大。当我想以 42 美元／股的价格出售时，这就是卖方报出的"卖出价"；而我能找到的唯一的买方报价，却只有 38 美元／股，这就是"买入价"。有时我最终会以 40 美元／股的价格成交，但这是说不准的事。

当我在柜台市场蹒跚前行时，我并不明白这些。好在我很快意识到，柜台市场是一个专业化市场，只有那些真正了解特定公司业务的专家，才能从这里赚到钱。因此我决定，放弃继续在柜台市场寻找机会，将注意力转回到已上市的股票上来。

一直以来，我从未怀疑过任何华尔街上流传的格言的真实性。我无法知道，它们其实就像我曾在加拿大或其他地方听到的格言一样，是根据不足且有害的。

那些我认为真实的、直接源自华尔街的消息，对我来说最具诱惑力。下面就是两件我听从此类消息炒股的典型事例，每次我都是不加分析地信以为真并立即进行操作。

有一天，一则谣言在华尔街市场广为流传，而且言之凿凿。谣言称 Bald-Win-Lima-Hamilton 公司签了一份制造一列原子能火车的订单，这家公司本来就是生产铁路设备的。华尔街立即对此做出反应，这家公司的股价从 12 美元一下就蹿到 20 多美元。

等我听到这则惊人的消息时，事后看来公司股价已涨至最高点。我正是在这一高位，以 24½ 美元 / 股的价格买入 200 股，总计支付 4 954.50 美元。随后我持有了两个星期，当我看着它缓慢回落到 19¼ 美元时，很难相信这是真的。到此时，我已经意识到事情有点不对头了，于是将其全部抛出，共损失 1 160.38 美元。不过，事后看来，我当时是稀里糊涂地做出了最好的决策，因为这家公司的股价后来跌到 12¼ 美元，如果我不及时卖出的话会赔得更惨。

还有一次是我的经纪人告诉我："Sterling Precision 的股价到今年年末要涨到 40 美元。"当时这家公司的市价是 8 美元。他给出的理由是："这家公司正在收购很多有发展前景的小公司，不久就会成为一家巨型企业。"他还补充说这是第一手消息。

对我来说这些理由已经足够了。为什么不够呢？这可是一位华尔街的经纪人特意告诉我的真实消息，我想他是错不了的。我恨不能马上下单买入。考虑到消息来源的权威性，我决定大干一场。我以 $7\frac{7}{8}$ 美元 / 股的价格买入 1 000 股，总计支付 8 023.10 美元，然后美滋滋地等着看它涨到 40 美元。但事实是，在离飙升到 40 美元还很远的地方，股价就开始震荡，随后缓慢回落。当它看起来就要跌破 7 美元时，我意识到苗头显然不对，于是以 $7\frac{1}{8}$ 美元 / 股的价格全部抛出，收回 6 967.45 美元。这条消息让我在几天之内就损失了 1 055.65 美元。这只股票随后继续下探到 $4\frac{1}{8}$ 美元。

尽管这两次赔了不少钱，但那种置身于华尔街的自豪感，足以抵消我炒股的损失，我不断寻找新的消息来源。有一天我看《华尔街日报》时，无意中看到，一个栏目专门披露上市公司高管和董事买卖本公司股票的信息。当我深入探究这个情况时，才发现为了防止内部人操纵股价，证券交易委员会要求，上市公司的高管和董事随时披露买卖本公司股票的信息。这正是有价值的东西！从这里我就能了解那些真正的"内部人"在做什么。我所要做的就是跟着他们采取行动。如果他们买我就买。如果他们卖我就卖。

我试用了这种办法，但并不奏效。等我看到内部人的交易时，往往已经太迟了。另外，我经常发现内部人也是人，他们也跟其他投资者一样，经常是买得太晚或卖得太早。我还发现，他们可能非常了解自己的公司，但并不了解股市，而他们的股票正是在股市进行交易。

不过经历了这些事后，我逐渐摸索出一些经验。这就好比婴儿反复听到同一个词，就开始学习这个词一样，我也开始通过我的操作经历，慢慢总结出一些可以采用的原则：

1）不能盲目听从咨询机构的建议炒股，因为无论是加拿大的咨询机构，还是华尔街的咨询机构，它们都会犯错。

2）应谨慎看待经纪人提出的炒股建议，因为他们也会出错。

3）不要对华尔街格言太在意，哪怕是流传已久且备受推崇的格言。

4）不要操作"柜台市场的股票"——只买卖已上市流通的股票，因为这种股票无论什么时候想出手，都能找到买家。

5）不管听起来多么有根据，都不要听信谣言。

6）与赌博的方式相比，基本面分析更适合于我，因此我应该学习这种方法。

我给自己写下这几条炒股原则，并决定以后据此操作。随后我按照这 6 条原则检查我的经纪明细表，突然发现我还有一只股票，而此前我竟然都不知道，通过这件事我又总结出第 7 条原则，并且立即遵照执行。

这是一只弗吉尼亚铁路公司（Virginian Railway）的股票，我在 1954 年 8 月的时候，就以 29¾ 美元 / 股的价格买入 100 股，总计支付 3 004.88 美元。因为当时我忙于打电话频繁买卖几十只股票——有时只赚取 0.75 美元就急忙卖出，有时股票下跌，为了在它跌得更多之前赶快抛出，我疯狂打电话下单，翻来覆去就把这只股票给忘了。

因为弗吉尼亚铁路这只股票从未让我担心过，所以天长日久我就把它忘了。这就好比当我为其他十几个坏孩子担心焦虑时，它就像一个好孩子，待在不起眼的角落里，安静地独自玩耍。现在当我看到这只股票的名字时，在持有了 11 个月之后，我几乎都不记得曾买过它。它是如此安静，以至于我一点印象都没有。我向股市行情表一看，它现在的股价已涨到 43 ½ 美元。这只被我遗忘的、安静的而且还有分红的股票一直在缓慢上涨。我把它卖出共收入 4 308.56 美元。我并没有在这只股票上费什么劲，甚至都没有为它担心过，现在却从它身上赚了 1 303.68 美元。它使我隐约意识到我总结出的第 7 条操作原则，即：

7）与其同时买卖十几只股票且短线操作，还不如长期持有一只股票。

但问题是哪只股票会涨呢？我又怎样找到这样的股票呢？

　　为了搞清楚这些问题，我打算仔细研究一下弗吉尼亚铁路股票。当其他股票上蹿下跳时，这只股票为什么会稳步上涨呢？我向经纪人打听这只股票的情况。他告诉我说，这家公司分红优厚，有良好的盈利记录，其财务状况非常好。现在我明白了，这只股票稳步上扬的原因在于它的基本面。这使我确信，采用基本面分析法寻找股票是正确的思路。

　　我下决心改进基本面选股法。经过翻看资料、研究和分析，我着手寻找理想的股票标的。

　　我琢磨着，如果认真研究一家公司的财务报告，就能了解一只股票的全部，并可据此判断它是否值得投资。于是我开始学习有关资产负债表和损益类账户的知识。像"资产""负债""股本"和"核销"等词已成为我的常用词汇。

　　我围着这些问题转了好几个月。每天白天做完交易后，夜晚我都要花好几个小时来细心研究几百家公司的报表。我比较这些公司的资产、负债、毛利和市盈率指标。

　　当时我研究过的公司包括以下几类：

- **质量评级高的公司。**
- **专家推荐的公司。**
- **股价低于每股净资产的公司。**
- **现金流充裕的公司。**

- **分红从不缩水的公司。**

尽管研究了这么多，但我还是一次次对同一个问题困惑不解。从这些公司的书面材料看一切都很完美，资产负债表看起来很好，公司发展前景也一片光明，但公司股价就是不做出相应的表现。

例如，当我仔细比较几十家纺织公司的财务状况，并且在经过深入研究后得出结论认为，从资产负债表看显然American Viscose 和 Stevens 两家公司最好时，令人不解的是，股价表现最好的却是另一支名为 Textron 的公司，而不是我所选中的这两家公司。我发现，这种情况在其他行业的上市公司中也反复出现。

出于困惑和一点点不安，我猜想，采用一家更权威的机构对公司优劣的判断，可能更明智一点。于是我向经纪人打听，是否有这么一家权威的机构。他向我推荐了一家机构，这家机构每月发布一次几千家公司的重要数据，包括公司业务、过去20 年以上的股价波动范围、分红、财务结构以及每年的每股收益，他说这种资料应用更为广泛、严肃而且信息十分可靠。这家机构还根据各家上市公司的相对安全程度和价值，对每只股票给出评级。我对这种做法颇感好奇。

评级最高的股票是那些分红相对有保障的股票，分以下三级：

AAA 级——最安全的股票

AA 级——安全的股票

A 级——稳健的股票

其次是具备投资价值的股票，它们通常都会分红，分以下三级：

BBB 级——最好的股票

BB 级——好股票

B 级——合适的股票

排在第三级的是那些过去有过分红，但以后不一定有分红的股票，分以下三级：

CCC 级——最好的股票

CC 级——有适当分红潜力的股票

C 级——分红潜力不大的股票

评级最低的股票，分以下三级：

DDD 级——没有分红潜力的股票

DD 级——价值显然很低的股票

D 级——显然没有价值的垃圾股

看到这些以后，我非常仔细地研究所有这些评级，这看上去很简单。有了这种评级报告，我就不必再去分析各家公司的资产负债表和利润表了。因为陈列在我面前的评级报告已经反映了这些数据，我只要做一个比较就行，即 A 级比 B 级好，C 级比 D 级好。

我被这种新方法所吸引，并愉快地接受了它。对我来说，这种方法就像科学一样客观公正。我不再是根据谣言炒股的疯狂玩家，而是一位客观的、独立的财经人士。

这时我深信，自己已经为从股市赚钱打下了基础。我信心百倍，感觉无往不胜。我不再听从任何人的建议，也不再向任何人打听买卖哪只股票。我认为此前我所做的交易，就像我在加拿大当赌徒的时候一样，纯粹是糊里糊涂瞎折腾。现在要想取得成功，我要做的就是建立起自己的比较表。于是我花了大量时间，严肃认真地完成这项工作。

> 我不再听从任何人的建议，也不再向任何人打听买卖哪只股票。我认为此前我所做的交易，就像我在加拿大当赌徒的时候一样，纯粹是糊里糊涂瞎折腾。

第 3 章

第一次危机

通过研究我了解到，股票实际上就像羊群一样，会按照它们所属的行业形成板块，市场上属于同一行业的股票，股价往往会齐涨齐跌。在我看来合理的思路只能是，经过基本面分析解决下面两个问题：找到最强势的行业，以及在这一行业中最强势的公司。

> 股票实际上就像羊群一样，会按照它们所属的行业形成板块，市场上属于同一行业的股票，股价往往会齐涨齐跌。

然后我只要买入并持有这家公司的股票就可以了，因为这只理想的股票一定会涨。

于是我开始按照行业属性来研究股票。当我看通用汽车公司（General Motors）的报价时，会自动地看一眼其他汽车公司，如克莱斯勒公司（Chrysler）、斯图特贝克公司

（Studebaker）和美国汽车公司（American Motors）的股价。如果我看美国凯撒铝业公司的股价，也会自动地瞟一眼其他铝业公司，如雷诺金属公司（Reynolds Metals）、Alcoa 公司和 Aluminium 公司的股价。现在，我看股票不再按照行情表中的顺序看，而是根据它们所属的行业板块对比着看。

不管什么时候，只要我看到某只股票表现强于市场，就会立即看看同一行业的其他股票的表现，如果它们的表现也很好，我就会找出这一行业的龙头股，也就是表现最好的股票。我想如果买这一行业的龙头股不赚钱，那么买这一行业的其他股票肯定也赚不了钱。

这样做让我感到无比兴奋和重要！这种严肃、科学的选股方法，让我觉得自己就像一名即将出师的财经专家。另外，在我看来这不仅仅在理论上可行，而且实际上也应可行。我准备将这一套方法付诸实施，并期待着赚一大笔钱。

我开始将石油、汽车、航空器、钢铁等行业的公司的盈利情况整理到一起，并且比较这些公司过去和现在的盈利情况，还对不同行业的公司的盈利情况进行比较。我仔细评估它们的净利率、市盈率及股本等指标。

最后，经过无数次筛选和浓缩，我认为钢铁行业将成为我致富的原动力。

下定决心后我就开始详细研究钢铁行业的情况，并再一次深入钻研我收到的评级报告。

　　我决定采取安全的操作策略，因此我将买入标的圈定在"A 级"范围内，并且要求红利高。但是当我仔细翻阅评级报告时，吃惊地发现评级为"A 级"的股票极少，而且基本上都是优先股。这些股票的股价相对稳定合理，很少有可观的涨幅。显然这不是我要买的股票。

　　鉴于此，我决定看看评级为"B 级"的钢铁股。这一类股票看起来也不错，而且数量比较多，因此可挑选的余地大。我从中选出 5 只最有名的股票，并且十分细致地比较了它们的财务指标。我设计的对比表如下所示：

| 公司名称 | 评级 | 股价
（1955 年 6月 30 日收盘价、美元 / 股） | 市盈率
（倍） | 每股收益（美元） | | | 1955 年
盈利预测 | |
				1952 年	1953 年	1954 年	每股收益 （美元）	每股红利 （美元）
伯利恒钢铁公司	BB	142 ⅜	7.9	8.80	13.30	13.18	18.00	7.25
内陆钢铁公司	BB	79 ⅜	8.3	4.85	6.90	7.92	9.50	4.25
美国钢铁公司	BB	54 ⅜	8.4	2.27	3.78	3.23	6.50	2.15
Jones & Laughlin 钢铁公司	B	41 ½	5.4	2.91	4.77	3.80	7.75	2.25
共和钢铁公司	B	47 ¼	8.5	3.61	4.63	3.55	5.50	2.50

当我看到自己做的这张对比表时，兴奋之情油然而生。因为这张表就像地图上的标线一样清楚地表明，我要找的好股票就是 Jones & Laughlin。这家公司的所有指标看起来都很完美，当时我很不理解，为什么之前别人没有发现这一点。

它属于市场中的强势行业钢铁行业。

专业机构对它的评级是 B 级，属于比较高的评级。

它的股息率（即每股红利 / 股价 =2.25/41.5=5.4%）接近 6%。

它的市盈率是这 5 只股票中最低的。

当时我有一种巨大的兴奋感。这只股票无疑就是我的金钥匙。我觉得财富正在我的掌控之中，就像一只熟透的苹果只等我去摘一样。这正是将带给我财富的股票。这是用绝对可信的、科学的方法筛选出来的股票，因此也是万无一失的，是又一只布里伦德，甚至比布里伦德还要伟大。它随时都会上涨20% ～ 30%。

现在唯一让我感到苦恼的是，尽快在别人发现它之前大量买进。因为我是通过仔细研究发现这只股票的，所以我对自己的判断绝对有把握，我决定尽一切可能筹集到更多的资金，以买进这只股票。

我曾用多年当舞蹈演员参加演出积攒的钱，在拉斯维加斯购置了一些房地产，现在为了筹集股资，把这些房地产做了抵押贷款。另外我买了一份保险，就以此为抵押获得一部分贷款。我还与纽约的"拉丁区"签了一份长期合同，通过协商，要求对方提前支付了一笔酬劳。

筹集到这些钱以后，我没有耽搁片刻。根据我这种最科学、最细致的研究，事情不可能出错，我对这只股票确信不疑。

1955 年 9 月 23 日，我以 52¼ 美元的价格，买入 1 000 股 Jones & Laughlin 钢铁公司的股票，总成本是 52 652.30 美元，我是以保证金的形式买的，当时保证金的比例是 70%，因此实际支付了 36 856.61 美元现金。为了筹集这笔钱，我将所有的财产都抵押出去了。

我是在绝对自信的心态下做完这一切的。现在除了坐下来等着收获丰收的果实外，别无他事，当然我并不知道，我所期望的丰收果实，是建立在根据不足的理论上的。

到 9 月 26 日，Jones & Laughlin 钢铁公司的股价开始下跌，我当时就像被闪电击中一样发晕。

我无法相信这是事实。这怎么可能呢？这是又一只布里伦德，它将给我带来财富。这不是赌博，是完全独立客观的操作，是建立在不可置疑的科学的分析上的，它怎么可能下跌呢。但事实是这只股票继续下跌。

我看着这只股票的股价一点点下跌，却不愿意承认这个事实。我已经昏了，不知所措。我应该割肉抛出？我怎么能割肉抛出呢？根据我所做的深入的研究，我预计 Jones & Laughlin 钢铁公司至少值 75 美元／股。我自我安慰说，这只是暂时的回调，这种下跌是毫无理由的。这是一只质地优良的稳健型股票，不久它就会涨回来。因此我必须坚持持有。于是我一直拿着它没有抛出。

随着时间的推移，我开始害怕看到股票报价，当我给经纪人打电话时，也是全身发抖。每次翻开报纸我都会惊恐不安。

有一次当公司股价跌了 3 美元又涨回 1.5 美元，我的希望被重新点燃。我自我安慰道这就是回涨的开始，我的恐惧暂时得到平息。但是第二天公司股价又重归跌势。到 10 月 10 日，一阵莫名的恐慌性抛盘将公司股价打到 44 美元。它还会跌多少呢？我该怎么办呢？这时我已经由麻木变成了恐惧。股价每下跌 1 美元就意味着，我又要损失 1 000 美元。这是我难以忍受的损失。我决定全部割肉抛出，总收入 43 583.12 美元，净损失 9 069.18 美元。

我被彻底打垮，十分沮丧。我曾自认为是华尔街科学的操盘手，现在这种自鸣得意的想法被击得粉碎。我感觉就好像有一头大熊向我迎面撞来，当我正准备向它射击时却被它牢牢抓住。那么，科学的方法在哪里？研究有什么用？我的统计结果到底出了什么问题呢？

　　旁人很难想象这次事件对我所造成的毁灭性打击。如果我本来就是一名狂热的赌徒，那么出现这种情况倒也说得过去。但问题是，我已经尽了最大的努力避免成为一名赌徒。我花了大量的时间来翻阅资料，做了一切可能的努力以避免出错。我进行了深入细致的研究、分析和比较。我的判断是建立在最可靠的基本面信息上的，然而，结果却是我惨遭失败，损失了9 000多美元。

　　当我意识到可能失去在拉斯维加斯购置的房地产时，我感到万分沮丧。对破产的恐惧明显地写在我的脸上。我彻底丧失了在仁慈的牛市和第一次成功买卖布里伦德公司股票中建立起来的自信心。一切都是错的。赌博也好，小道消息、信息、研究、调查也罢，我尝试过的所有期望能在股市获得成功的方法，现在看来都不奏效。我备感绝望，不知道何去何从。我觉得自己无法再炒股了。

> 一切都是错的。赌博也好，小道消息、信息、研究、调查也罢，我尝试过的所有期望能在股市获得成功的方法，现在看来都不奏效。我备感绝望，不知道何去何从。我觉得自己无法再炒股了。

　　但我必须继续我的炒股之旅，因为我必须找到一种方法来弥补我的损失。

　　每天我都要花好几个小时来研究股市行情，热切地寻找着解决方法。我就像一名关在监狱里的罪犯一样，密切关注所有活跃股，希望能从中发现解脱的办法。

最后我终于注意到一些不寻常的事。我看到一只以前从未听说过的名为 Texas Gulf Producing 的股票正在上涨。我对这家公司的基本面一无所知，也没有听到过有关它的谣言。关于它我唯一知道的就是，它的股价每天都在稳步上扬。它是否就是我的救命稻草呢？我不知道，但我必须试一把。与其说是怀着希望不如说是过于绝望，作为最后一次挽回损失的狂热之举，我分别以 $37\frac{1}{8}$ 美元／股和 $37\frac{1}{2}$ 美元／股的价格买入 1 000 股，总成本是 37 586.26 美元。

买进以后我大气都不敢喘，紧张地注视着它继续上涨。当股价达到 40 美元时，我感到有一种难以抗拒的想卖出的冲动。但我最终战胜了这种冲动，在我的炒股生涯中平生第一次抵挡住了短线获利的诱惑。我也不敢抛出——因为还有 9 000 美元的损失需要弥补。

每隔一小时，我就给经纪人打一次电话，询问这只股票的情况，有时甚至每隔 15 分钟就打一次。这只股票确实是我的命根子。我关注着它的每一笔交易、每一次变动，就像焦急的父母看着自己的新生婴儿一样。

这只股票我拿了 5 个星期，每时每刻都在紧张地关注着它。

之后有一天当它的股价达到 $43\frac{1}{4}$ 美元时，我决定不再冒险持有。我将它全部抛出，收入 42 840.43 美元，虽然没有挽回全部 9 000 美元损失，但也已挽回一半以上的损失。

当我将 Texas Gulf Producing 全部抛出时，感觉就像刚刚得了一场持续时间很长的大病，全身精疲力竭，心里像被掏空了似的。不过，这时有个东西从我的脑海里一晃而过，它是以问题的形式出现的。

我自问，研究公司的财务报告、行业前景、投资评级和市盈率到底有什么价值呢？最终把我从危机中拯救出来的，不过是一只我一点都不了解的股票，我当时选择买它的唯一原因，是因为它看上去要涨。

> 我自问，研究公司的财务报告、行业前景、投资评级和市盈率到底有什么价值呢？最终把我从危机中拯救出来的，不过是一只我一点都不了解的股票，我当时选择买它的唯一原因，是因为它看上去要涨。

这就是答案吗？或许是。

因此尽管我买 Jones & Laughlin 的股票并不成功，但它仍然意义重大，并非一无是处，因为它引领我总结出了我的操作理论。

| 第三部分 |

技 术 分 析

当我深入检查账户情况时，却发现一个令人难堪的结果：我在经历了历史上最大的牛市后，从中吸取了丰富的经验，获得了大量的知识，自信心也得到了提升，但却损失了889美元。

| 第 4 章 |

发展箱体理论

经历了买卖 Jones & Laughlin 公司股票和 Texas Gulf Producing 公司股票的大起大落之后，我静下心来思考我的投资处境。到现在为止，我已多次遭受市场打击，对市场充满敬畏之心，这些足以使我认识到，不能将市场看作一架神秘的机器，认为只要运气好财富就会滚滚而来，就像硬币从投币式自动赌博机上流出来一样。尽管人生中在每一行业做好都有运气的成分，但我不能靠运气来投资。因为我可能一两次赶上好运气，但不可能总有那么好的运气。

不，我绝不能这么做。我必须依靠知识来战胜市场。我必须学会怎样在市场上操作。如果我连桥牌的规则都不了解，那又怎么能赢牌呢？或者说，如果我连如何应对对手的棋招都不知道，又怎能下赢一盘国际象棋呢？同样，如果我不了解股市的交易规则，又怎么从股市中赚到钱呢？我是在做投资，投的可都是钱，而且是与市场上头脑最敏锐的专家们较量。如果不了解股市的基本游戏规则，我不可能玩过他们。

因此我下定决心重新开始。首先我反思了过去的投资经历。结果是有对有错，一方面我用基本面分析法炒股却赔了钱，因此是错误的思路；另一方面，我用技术分析方法炒股却赚了钱，因此是正确的思路。显然，最好的办法是，继续使用正确的方法即技术分析法，我在买卖 Texas Gulf Producing 公司股票时大获成功，用的正是技术分析法。

这并非易事。每天晚上，我都要坐下来花好几个小时仔细研究股市行情，以便努力挖掘出另一只像 Texas Gulf Producing 一样的股票。有一天我注意到一个名为 M & M 木制品（M & M Wood Working）的公司。没有一家财经信息服务公司了解这家公司。我的经纪人也从来没有听说过它。但我依然兴趣不减，因为它的股价走势让我想起了 Texas Gulf Producing 公司。我开始密切关注这家公司的股票。

1955 年 12 月，这只股票开始上涨，到年末股价已从约 15 美元涨到了 23⅝ 美元。之后经过 5 个星期的盘整，这只股票的成交量开始上升，股价继续上涨。于是我决定以 2⅝ 美元 / 股的价格买入 500 股。随后股价继续上涨，我一直持有它，同时密切关注着公司股价走势。公司股价一直上涨，成交量也持续放大。当它涨到 33 美元时，我将其全部抛出，获利 2 866.62 美元。

这次交易让我倍感兴奋和幸福——这倒不是因为我从这次交易中赚了钱，而是因为，我纯粹是根据 M & M 木制品公司的市场走势买了它，就像当初我买 Texas Gulf Producing 公司的股票一样。我对这家公司一无所知，也不可能发现什么亮点。但是从它持续放量上涨的市场走势可以推断，肯定有人对这只股票知道得比我多。

事后证明我的推测是正确的。就在我卖出这只股票后，我从一份报纸上看到，公司股价上涨，是由于公司正在秘密商谈一起并购事宜。最后披露的消息是，另一家公司计划以每股 35 美元的价格要约收购 M & M 木制品公司的股份，而且公司接受了对方的要约。这件事同时表明，尽管我根本不知道这宗幕后交易，但我以只比要约价低 2 美元的价格卖出了股票。让我觉得有趣的是，我纯粹是根据公司的股价走势来买的这只股票，结果却从一起我并不知情的并购中赚了钱。我虽然并不知情，但却获得了与内部人相当的交易效果。

这次经历更让我确信，采用纯粹的技术分析是可行的。也就是说，如果我抛开其他因素，只研究股票的价格走势和成交量，是可以盈利的。

现在我开始从这一思路出发研究股市。我集中精力密切关注股价走势和成交量，同时尽量不再关心所有谣言、小道消息或基本面消息。我认为没必要再去关心股价上涨背后的原因，因为如果公司的某些基本面出现了好的变化，就会有很多人急着去买它，结果是，这种利好消息很快会反映在公司股价上涨和成交量放大上。只要我

> 我认为没必要再去关心股价上涨背后的原因，因为如果公司的某些基本面出现了好的变化，就会有很多人急着去买它，结果是，这种利好消息很快会反映在公司股价上涨和成交量放大上。

能在公司股价上涨的初期看出这一上涨趋势，就像在 M & M 木制品公司上所做的一样，那么即便我不知道股价上涨背后的原因，也能分享到上涨的收益。

问题是：怎样才能鉴别出这种利好的变化呢？经过深入思考，我找到了一条标准——与别人比较股票。

我的思路如下：如果一位狂野的漂亮小姐跳到桌子上开始热舞，那不会有人感到特别吃惊，因为人们认为她就应该这样。但是如果是一位尊贵的、一本正经的女士突然跳出来这么做，人们就会觉得这很反常，会立即说："这真是件怪事——一定是出了什么问题。"

同样我认为，如果一只平常不太活跃的股票突然变得活跃起来，这一定不正常，如果再出现股价上涨的情况，我就可以买入。因为这些反常的举动背后，一定是有一群知道某

些利好消息的人有所动作。一旦买入我就成了他们沉默的跟随者。

我试用了这种方法，有时赚钱，有时赔钱。正当我对自己信心倍增之际，却并没有认识到我的观察力还不够敏锐。如果按此理论操作，最后我肯定会遭受打击。

1956 年 5 月，我注意到一只名为匹兹堡冶炼公司（Pittsburgh Metallurgical）的股票，当时报价是 67 美元。这是一只股价剧烈波动的股票，我认为它还会迅速上涨。当我看到它上涨后，就买了 200 股，总成本是 13 483.40 美元。

我如此确信自己的判断，以至于抛弃了所有谨慎的想法，当公司股价——朝我预期的相反方向——开始走弱时，我认为这只是一轮小调整。我确信，稍做调整后，公司股价会启动新一轮更为猛烈地快速上攻。后来公司股价确实波动猛烈——但却不是向上而是向下。10 天后，公司股价跌到了 57¾ 美元，无奈之下我将其全部抛出，损失 2 023.32 美元。

事情显然不对头。一切迹象都清楚地表明，这只股票是当时市场上最强势的股票，但是我刚买进它就开始跌。更令人不解的是，我刚卖出它就开始涨。

为了搞清楚个中缘由，我仔细看了看这只股票以前的走势，结果发现我是在这只股票连续上涨了 18% 以后买的，也就是说买在了一个短期高点。这个涨幅是当时公司股价能够达到的上限。我正是在这个点位买进的，所以随后股价就开始下跌。显然我选的股票并没有错，错误的是我买股的时间。

事后回过头来可以看得很清楚，公司股价为什么会这么走。但问题是：当时怎么判断正在进行的股价走势呢？

这个问题简单而又直白，但从其严重性来说却是个复杂的问题。我已经知道书本上没有这个问题的答案，资产负债表无济于事，各种消息真假难辨。

我决定广泛研究个股的股价走势，并自认为是抓住了一根救命稻草。个股股价是怎么走的呢？它们的股价走势有哪些特征呢？它们的股价变动是否存在特定模式呢？

我翻看各种书籍，分析股市行情，观察数百张个股走势图。当我深入研究这些个股走势时，我开始了解以前从不知道的有关股价走势的一些知识。我开始认识到，股价走势并不是完全杂乱无章的。股票并不是像气球一样没有方向地乱飞。就像受到地球的吸引力一样，股价总是有一个明确的上涨或下跌的趋势，这个趋势一旦确立就会持续。股价总是沿着这一趋势展开一系列波动，或者我将其称为"箱体"。

股价会在高低点之间不断波动。围绕这一涨跌波动区间画出的区域就代表一个箱体。这些箱体在我看来逐渐清晰。

我的箱体理论就是由此引申出来的，它将引领我通往财富之路。

我是按下面的办法来运用这一理论的：当我感兴趣的某只股票的股价波动箱体，像金字塔一样层层叠加，且当时股价正处在最上面的一个箱体里时，我开始关注这只股票。如果它在箱体的顶部与底部之间来回震荡，那是最好的。一旦我判断出这个箱体的范围，只要股价没有脱离箱体，无论涨跌都没有关系。事实上，只有当股价在箱体里不上蹿下跳的时候我才会担心。

没有波动股价就不活跃，我对股价不活跃的股票并不感兴趣，因为这意味着公司股价不会大幅上涨。

举例来说，假设一只股票股价处在 45/50 美元的一个箱体里○，那么只要股价没有突破这个箱体，无论它反复几次我都会考虑买进。不过，如果它跌到 44½ 美元，我就会卖出，以免股价跌破本箱体进入一个更低的箱体。

为什么这样呢？因为一旦跌破本箱体的下轨 45 美元，就意味着股价正在跌回一个更低的箱体里，那么一切都不对头——我需要的是股价不断进入更高箱体的股票，而不是不断进入更低箱体的股票。

我发现有时一只股票会在一个箱体里运行数周，但我并不关心它在一个箱体里运行多久，只要股价不跌破本箱体的下轨

○ 指股价一段时间里在45～50美元的范围内运行，下文箱体概念同此。——译者注

即可。

　　例如我注意到，当一只股票运行在 45/50 美元的一个箱体里时，公司股价走势可能如下：

$$45—47—49—\underline{50}—45—47$$

　　这表明，一旦公司股价达到箱体高点 50 美元，它就会折返向下跌回到 45 美元，然后又开始反弹，每天收在 46 美元或 47 美元，如果是这样我就很满意，因为股价仍在箱体里。但是，当我时刻关注的走势是，向上突破到下一个股价更高的箱体时，我就会买进。

　　我没能找到股价突破一个箱体向更高的下一个箱体运行的固定原则，这需要通过观察发现，而且一旦发现就要立即采取行动。有些波动大、涨势迅猛的股票只用几个小时就能突破到下一个箱体，也有些股票需要数天时间才能完成突破。如果股价形成突破，它就会从 45/50 美元的箱体挺进另一个价格更高的箱体。这时它的股价就会呈下列走势：

$$48—52—50—\underline{55}—51—\underline{50}—53—52$$

　　现在，公司股价显然已经确立了一个新的箱体，即 50/55 美元。

　　千万不要误解我的意思。这些只是例子。我需要判断的是箱体的范围。这当然随股票而有所不同。例如，有些股票的波动范围很窄，可能每次不超过 10%。而另一些宽幅波动的股票的波动范围在 15% ～ 20% 之间。我的任务是准确判断箱体的范围，并确保股价没有突破箱体的下轨，这是关键。一旦公司股价突破了箱体的下轨，我就立即抛出，因为它没有朝我预期的方向运行。

只要股价维持在箱体里运行，那么我认为从 55 美元回调到 50 美元很正常。我并不认为这种回调就意味着股价要继续下跌，正好相反。

> 舞蹈演员在腾空跳起前，都要先下蹲以便获得腾跳的冲力。我发现股票也是一样。它们往往不会突然一下从 50 美元涨到 70 美元。

舞蹈演员在腾空跳起前，都要先下蹲以便获得腾跳的冲力。我发现股票也是一样。它们往往不会突然一下从 50 美元涨到 70 美元。换句话说，我认为处于上升趋势的股票，在上涨到 50 美元之后再回调到 45 美元的走势，就好比舞蹈演员的下蹲，是为上涨做准备的。

后来当我经验更丰富时才知道，股价在创出 50 美元的高点后回调到 45 美元的走势，还有另外一个重要好处，即通过这种回调将那些不坚定的、动摇的持筹者震出去（这些人错误地将回调看作趋势反转向下），只有这样才能使股价下一步涨得更快。

我逐渐明白了一点，即当一只股票处于明确的上升趋势时，剩下的问题就是判断其上涨的幅度。打个比方，如果股价从 50 美元上涨到 70 美元，但是偶尔有回调，那么这种回调完全正常。

股价走势可能如下：

$$50—52—57—58—\underline{60}—55—\underline{52}—56$$

这表明股价运行在 52/60 美元的箱体里。

之后股价震荡上行，走势如下：

$$58—61—66—\underline{70}—66—\underline{63}—66$$

这表明股价正好运行在 63/70 美元的箱体里。同时我认为股价仍在向价格更高的箱体迈进。

到目前为止，箱体理论并没有解决最关键的问题，即何时买入的问题。从逻辑上讲，应该在股价进入更高一级的新箱体时买入。但这么做看似简单，等我实际按此买卖路易斯安那地产与勘探公司（Louisiana Land & Exploration）的股票时，才证明这并非易事。

我观察这只股票的走势有好几个星期了，看着它的股价形成一个个金字塔型的箱体。当它达到最近一个箱体的上轨 59¾ 美元时，我认为自己对它的判断是正确的。就打电话给经纪人，叮嘱他一旦这家公司的股价达到 61 美元，务必通知我，我认为这个价位是公司股价进入新一个更高箱体的起点。经纪人确实按照我的要求做了，只可惜当电话打进来时我不在旅馆。等他找到我时已经过去了两个小时，这时，公司的股价已涨到了 63 美元。对此我深感沮丧，就好像坐失了挣一大笔钱的机会一样。

我对错过这只股票 61 美元的价位很是气恼，事后当它在这么短的时间内迅速上涨到 63 美元时，证明我之前的判断是正确的，这让我深信自己错过了一只好股票，并为我之前正确的判断欣喜不已。兴奋之余我丧失了理智，在头脑发热的情况下，我愿意以任何价位买入这只股票。因为我需要的是，尽快买入一只我判断即将大涨的股票。

随后公司股价一路上涨，从 63 美元、$63\frac{1}{2}$ 美元、$64\frac{1}{2}$ 美元一直涨到 65 美元。我对了，我的判断对了，我错过了这只股票！因为我已经在新一轮箱体的下轨错过了这只股票，所以我不能再等下去了，于是就以 65 美元／股的价格买入 100 股——这是公司股价新一轮箱体的上轨。

尽管我在努力提高自己的选股方法，但对华尔街的运行机制仍不甚了解，因此我只得向经纪人讨教，如何才能避免错过看好的 61 美元的价位。他说我应该设定一种自动"停损"买单。停损买单的意思是，一旦公司股价达到预定的 61 美元，买单就会自动生效。他建议我一旦对某只股票做出了决定，就应该在预定价位设定停损买单。之后，只要股价达到了这一价位，不用再征得我的同意，之前的买单就会自动生效。我接受了他的提议。

在我认为合适的价位自动买入的问题得到了解决。

至此，我的箱体理论及其运用模式已深深扎根在我的脑海里，而且接下来我连续三次运用这一理论进行操作，都获得了成功。

当 Allegheny Ludlum 钢铁公司看起来即将进入 45/50 美元的箱体时，我以 45¾ 美元／股的价格买入 200 股，三周后以 51 美元的价格全部抛出。

当服装公司 Dresser Industries 公司的股价看起来即将进入 84/92 美元的箱体时，我以 84 美元／股的价格买入，但后来它似乎无法形成新的箱体，于是我以 86½ 美元的价格抛出。

随后我又在 40/45 美元的箱体的下轨，以 40¾ 美元的价格买入 300 股 Cooper-Bessemer 公司（一家铜制品公司）的股票，并以 45⅛ 美元的价格卖出。

我从这三次交易中共获利 2 442.36 美元。

连续的成功使我的自信心急剧膨胀，不久我就为此付出了代价，而且这次失误表明要想操作成功光有理论是不够的。那是在 8 月，因为我确信北美航空公司（North American Aviation）的股价将会在 100 美元以上构建一个新箱体，所以我就以 94⅜ 美元／股的价格买了 500 股。但它却没有向上形成新箱体。几乎就在我买入以后，它就开始掉头向下。我本来应该在下跌 1 美元时将其卖出，但我没有。之后在又下跌了 1 美元后我还可以卖出，但我还是没有。我固执地一直持有它。我的自大心理妨碍了我将其抛出。我的理论的可行性正在经受考验。我只是不停地安慰自己说，这只股票不会再继续下挫。后来我才明白，在股市里什么都有可能发生。任何一只股票的股价都有可能做出任何表现。到下一周周末，我从前三次成功交易中赚得的利润已全部赔进去了。我又回到了起点。

> 在股市里什么都有可能发生。任何一只股票的股价都有可能做出任何表现。

在我看来，这次不成功的经历是我炒股生涯中的一个重要转折点。

因为从这次经历中我领悟到了以下几条投资要点：

1）股市里没有确定的事——有一半的时间我的判断都是错的。

2）我必须承认这一事实并据此调整自己的操作——必须压制住自己的自豪感和自尊心。

3）我必须成为没有偏见的分析家，不把自己划归任何理论，也不对任何股票产生偏好。

4）仅仅抓住机会是不够的，首先，我必须尽我所能地降低风险。

调整的第一步就是要采用我所谓的快速止损工具。既然我已经知道有一半的时间我的判断都是错误的，那么为什么不面对现实承认错误，并在损失还不大时就立即卖出呢？例如，如果我以 25 美元的价格买入一只股票，为什么不能在它跌到 24 美元的时候就卖出呢？

我决定在下达"停损"买单以便在某一特定价位买入某只股票时，同时设定自动"止损"卖单，以免股价下跌。我想，这样的话即便我睡着了也不会出现大的损失。如果某只股票跌到了我认为它们应该跌到的价位以下，那么我下达的"止损"卖单会自动帮我止损售出，这样我就不用在晚上睡觉时，仍然为之提心吊胆了。我知道，许多次为了减少损失我被"止损出局"后，股价立即出现大幅上涨。但与防止发生巨额损失相比，这并不重要，因为我总有机会再次以更高的价格买回这只股票。

然后我采取了第二项重要步骤。

我知道，即便在我判断正确的那一半时间里，也不一定就成功。我开始明白为什么我会收不抵支并破产。因为举例来说，如果我投资约 10 000 美元，最后以买入价平推，那么每次操作时每买入一只股票要花 125 美元的手续费，每卖一只股票也要花 125 美元的手续费，也就是说实际上我还是损失了 250 美元。

现在就假设我有一半时间判断正确。如果一次交易的成本是 250 美元的话，那么即便以买入价卖出没有造成实际损失，也只需交易 40 次就会损失全部本金。因为交易 40 次的手续费就要 10 000 美元。下面列示了手续费这只硕鼠是怎样在每次交易中吃掉本金，并最终吞噬全部资金的：

以 20 美元 / 股的价格买入 500 股

总计支付（包括手续费） 10 125.00 美元

以 20 美元 / 股的价格卖出 500 股

总计收入（扣除手续费） 9 875.00 美元

损失：250.00 美元

每次交易成本 250 美元 × 40 次 =10 000 美元

解决这一问题的唯一办法就是：我的利润必须比损失多。

我从过去的经历中知道，对我来说最困难的问题在于，约束自己不要那么迅速地卖出正在上涨的股票。因为我是一个胆小鬼，所以总是赚了一点钱就把股票迅速卖出。不管什么时候，只要我以 25 美元的价格买入的股票涨到了 30 美元，我就会十分担心它可能跌回去，结果急急忙忙地卖出。我明知道什么是正确的做法，但却还是不可避免地朝相反的方向行动。

> 持有一只正在上涨的股票，但同时保证止损卖出单的止损价与股价同步上提。

既然我没有办法让自己每次都摆脱恐慌，那么更好的办法是采用另一种方法。那就是持有一只正在上涨的股票，但同时保证止损卖出单的止损价与股价同步上提。我将把止损价与股价的差价设在一个合适的范围，这样股价的小幅波动不会触及止损单。不过如果股价真的开始掉头向下，我就会立即卖出。采用这种办法，我永远只会损失小部分利润，从而保住大部分利润。

接下来怎样确定收获利润的时机呢？

我知道我不可能卖在最高价。任何宣称自己经常能卖在最高价的人都是撒谎。如果我在一只股票上涨途中将其卖出，这纯粹是猜测，因为我不知道股价最终会涨多高。猜测一只股票会涨多高，就像猜测《窈窕淑女》会演 200 场一样。你可能认为这场电影会演 300 场或 400 场。这都有可能，为什么不可能呢？只要制片人看到每晚剧院的座位都是满的，它就会一直演下去，因为此时停演显然很愚蠢。只有当制片人看到剧院出现空座位时，他才会考虑停止演出。

我借鉴与百老汇的这一比较来解决出售时机问题。只要股票在上涨我就不应卖出。那么什么时候卖出呢？应该在股价箱体开始反转的时候卖出！当股价箱体的金字塔开始向下时，就表明到了停演抛出的时候。我设定的随着股价不断上移的止损卖单，会自动注意这些事宜。

做出这些判断后，我坐下来重新提炼出我对股市的客观认识：

1）要买对股票。

2）要在正确的时间买入。

3）尽量减小损失。

4）尽量扩大利润。

我所采用的工具如下：

1）价格与成交量。

2）箱体理论。

3）自动买单。

4）止损卖单。

我决定将下面的这一举措作为我的基本策略：我将慢步跟随一轮上升趋势，并以随股价不断上移的止损卖单作为保险措施。当趋势继续时，我将补仓。而当趋势反转时呢？我就像小偷一样迅速撤离。

我知道还有许许多多的小问题。实际操作起来还要做大量的猜测。我估计有一半的时间判断正确，这一估计可能过于乐观。但最终我能比以前更清楚地看出问题所在。我知道我必须采取一种冷静的、不带感情色彩的态度来看待股票；当股价上涨时我不能与股票谈恋爱，当股价下跌时我也不能对它们感到愤怒；实际上股票根本就没有好坏之分。只有上涨的股票和下跌的股票——而我应该持有上涨的股票，并卖出下跌的股票。

　　我知道要做到这一点难度比以往任何时候都大。我必须控制住自己恐惧、希望和贪婪的情感。我确信这需要极强的自律能力，但我感觉自己就像知道一间房子最终会被照亮一样，在黑暗中充满信心地摸索，寻找能带来光明的开关。

第 5 章

环 球 电 报

就在我开始按照这几条新原则进行操作时，我签了一份为期两年的环球舞蹈演出合同。因此我的操作立即面临许多问题。例如，当我身处世界的另一端时，怎样才能继续进行交易呢？我的脑海里马上浮现出，可能出现经纪人打电话找不着我的情景。如果我的经纪人在纽约，而我却在几千里之外的其他地方，那么怎样才能解决双方的联络问题呢？我与经纪人讨论后决定通过电报保持联系。

另外我们还决定，通过《巴伦周刊》来及时了解纽约股市的行情，《巴伦周刊》是一本财经周刊，我们商量好，一旦它出版就由经纪人负责给我邮寄过来。从中我可以看到所有正在上涨的股票。同时经纪人每天都会通过电报的形式，将我所持有的股票的报价告诉我。即便我在克什米尔和尼泊尔这么遥远的地方进行环球表演，也能准时收到经纪人每天发来的报价电报，电报中列示了我所持有的股票当天在华尔街市场上的收盘价。

为了节省时间和费用，我和我在纽约的经纪人一起设计了一套特殊的代码。我的电报内容只有一串代表各只股票的字母，每个字母后面跟着一串看上去毫无意义的数字。电报形式如下：

"B $32\frac{1}{2}$ L 57   U $89\frac{1}{2}$ A $120\frac{1}{4}$ F $132\frac{1}{4}$"

几天后我就发现，光有这些信息还不足以让我确切地了解股价走势。如果不知道股票每天的价格上限和下限，我就不能画出股票的股价箱体。于是我打电话给纽约的经纪人，要求他在收盘价之外，再在电报上加上股价每日波动的详细信息，主要是股票每天的最高价和最低价。现在我的电报形式如下：

" B $32\frac{1}{2}$ ($34\frac{1}{2}$—$32\frac{3}{8}$)   L 57 ($58\frac{5}{8}$—57)   U $89\frac{1}{2}$ ($91\frac{1}{2}$—89)   A $120\frac{1}{4}$ ($121\frac{1}{2}$—$120\frac{1}{4}$)   F $132\frac{1}{4}$($134\frac{7}{8}$—$132\frac{1}{4}$)"

因为我和经纪人都知道每个字母所对应的股票，所以我们只需用我所持有股票简称中的第一个字母代替就可以了。但是因为这并不是大家所熟知的正常的股票名称的缩写，所以这些神秘的由字母和数字组成的电报，常常让各地电报局的员工困惑不解。当他们第一次将电报交给我时，我都要向他们详细解释电报的内容。

电报局的人显然认为我是间谍。我常常遭此怀疑，尤其是在远东地区。在日本这个问题最严重。日本电报局的官员比其他任何地方的官员疑心都重，因为日本官方似乎还没有彻底摒弃战后的间谍热。只要我每到日本的一个新城镇，比如京都、名古屋或大阪，电报局的官员都会满腹狐疑地上下打量我。

每次我都得进行长时间的解释。因为我不会讲日语，所以解释起来特别费劲。不过奇怪的是，只要我在一张声明电报内容的纸上签上名，他们就会很高兴。声明上的内容可能并不是真实的，但他们对此并不关心，另一方面，如果没有这张我签了名的声明，他们就拒绝把电报给我。

我花了很长时间来改变他们的想法。直到 6 个月后，我才跟日本各大城市的电报局官员混熟。这时不做特别签名，他们也会很高兴地收发我的电报。当时日本流传，我是一个显然无害于社会的疯子，是一个每天收发毫无意义的财经数字的欧洲老外。

在环球演出期间，我曾途经香港、伊斯坦布尔、仰光、马尼拉、新加坡、斯德哥尔摩、台湾、加尔各答和其他许多地方。其间我在收发电报时，自然还遇到过其他问题。

其中一个主要问题是，当我在旅行途中时，必须十分小心以免收不到电报。因此，当我在旅行途中时，他们会将电报复制一份甚至两份。同一份由华尔街发来的电报，同时发往香港机场的泛美航空公司（Pan American World Airways，Pan-Am）2 号航班、京都机场和京都日活宾馆的情况时有发生。

万一在航班上没有收到电报，这样就能保证我下飞机时马上收到。

再例如我在老挝的万象，操作华尔街的股票就特别困难。首先那里根本就没有电话系统。美国军队代表处和美国使馆之间的电话线，是当地唯一的一根电话线，当然不会让我用。

如果我想收发信息，则必须找一辆黄包车拉我到邮局，那里每天只开 8 个小时，而且一般只要 8 个小时一到就会马上关门。

因为当地时间与纽约时间有 12 个小时的时差，所以华尔街收市时当地邮局已经关门。由于不能按时收到消息，当时我经常处于紧张状态，担心可能有有关股市的重要消息被耽搁。

有一天当我走到邮局时，发现有我一封电报，这封电报本来是从越南的胡志明市发往香港的，后又由香港转发到万象。我忐忑不安地撕开电报，想着迟到的消息肯定不是什么好消息。还好，电报里没有需要我立即采取行动的消息。

尽管如此，老挝还不是我遇到的唯一操作困难的地方。在喜马拉雅山脚下的尼泊尔的首都加德满都，根本就没有民用电报。当地只有印度的大使馆里才有一个电报室，所有通过电报传递的外部信息都由这里收发。

使馆的官员们显然认为，收发普通老百姓的私人电报有失身份。因此当他们收到发给我的电报时，根本就不会主动送给我，我只得经常打电话向使馆询问，是否有我的电报。有时我要打上 10 次电话，他们才会通知我去取电报。而且，电报内容都是手写的，经常看不清。

我的操作模式如下：《巴伦周刊》于每周一在波士顿出版，如果我在澳大利亚或印度或其他离纽约不太远的地方演出，那么一般在每周四就能收到这份财经周刊。当然，这意味着我看到的是四天前华尔街的股价走势。不过，当我在《巴伦周刊》上看到符合我的选股标准的股票后，就会发一份电报给经纪人，要求他将这只股票从周一到周四的股价走势发过来，电报内容如下：

"请发克莱斯勒公司本周的股价波动范围和收盘价。"

例如，如果这只股票在我看来在 60/65 美元的价格箱体里运行良好，那么我就会等着观察，从纽约发来的最近四天的股价是否依然运行在这一箱体里。如果电报上发过来的报价表明，公司股价确实还运行在这一箱体里，我就打算继续关注它。我会让经纪人将它每天的报价给我电传过来，这样就能观察它是否在向新箱体突破。如果我观察的结果令人满意，就给纽约发电报下达停损买单，否则如果出现其他特殊情况，我就告诉经纪人可以撤销前有效委托（good-till-cancelled）。我一般都会同时设一个自动止损卖单，以免买入后股价下跌。这种电报的内容一般如下：

"买入 200 股克莱斯勒 停损 67 止损 65。"

另一方面，如果经纪人发过来的电报表明，自从我从《巴伦周刊》上注意到这只股票后，其股价最近四天已超出 60/65 美元的价格箱体，那我就不再关注它。因为我看到的时候已经太晚，只能等待新的机会。

这样做我自然被迫将操作目标缩小到为数不多的几只股票，以便节省费用。因为如果我每天花 12～15 美元来通过电报了解股票报价，那么除非我能获得巨额利润，否则操作就会不划算。

刚开始这么操作的时候我很担心，倒不是因为过去在纽约有人帮忙，而是因为通过电话与华尔街保持联络给我一种安全的错觉。为此我曾有过短暂的迷惑。只有到后来，当我逐渐熟悉了通过电报来做交易时，我才认识到它的好处。这么做不受电话、混乱的信息和自相矛盾的谣言的干扰——因此我的判断更为独立客观。

因为我一次只关注 5～8 只股票，所以自动将它们从其他数百只走势杂乱的股票中分隔开来。除了这几只股票的股价外，我不再受其他任何因素的影响。

我听不到人们说什么，但我能看到他们在做什么。这就好比在一局扑克牌游戏中，我不知道赌注，但却能看到所有的出牌。

当时我并没有认识到这一点，但后来认识到了，当我炒股的经验越来越丰富时，我才意识到这一点对我来说是多么有价值。当然，其他扑克玩家会通过言辞试图误导我，他们不会向我亮出他们的底牌。但是，如果我不去关心他们的言辞，而是持续不断地观察他们所出的牌，我就能猜出他们在做什么。

首先我想不投钱在纸上做模拟操作。但是很快我就发现在纸上模拟操盘与实际投资差别很大。这就像玩纸牌时赌盘里没有赌注一样，其趣味和刺激感犹如在一位老夫人家里玩桥牌。

在纸上模拟操作中，由于不涉及钱，所以所有事情都显得很容易。但是，一旦我将 10 000 美元投进某只股票，情形就大不相同。在不涉及钱的情况下，我很容易控制自己的情绪，但是一旦把钱投到某只股票上，我的情绪就会迅速显露出来。

随着日复一日的电报收发，我逐渐习惯了这种新的操作模式，而且自信心也越来越足。现在只有一件事情让我烦恼，那就是，有时我的股票会走出令人费解的、与之前的走势毫不相干的走势。

我对此感到很困惑，正当我努力寻找个中缘由时，却意外获得了一个惊人的发现。我知道我是独自一人在炒股，当然除了书上说的那些我不可能知道得更多。没有人能指导我。除了每天收到的电报和每周收到的《巴伦周刊》以外，我完全处于与世隔绝的状态，它们是我与几千里外的华尔街保持联系的唯一纽带。因此，如果我想找到这个问题的答案，只能通过它们了。

于是我急切地翻开《巴伦周刊》，深入研究这个问题。直到快把它翻破的时候我终于发现：我的股票走势令人费解时，往往正是市场发生剧烈波动的时候。因为我只收到了我所持有

> 我的股票走势令人费解时，往往正是市场发生剧烈波动的时候。

的股票的报价，所以根本没有想到，市场走势可能会对它们产生影响。这就好比只观察局部战场的战况，就想指导整个战争一样不可取。

这对我来说是一个十分重要的发现，我立即采取了相应的措施。我要求经纪人在发来的电报末尾再加上道·琼斯工业指数的收盘价。我想这样就能清楚地了解整个市场的走势。

现在我的电报内容如下：

"B 32½ (34½—32⅜)　L 57 (58⅝—57)　U 89½ (91½—89) A 120¼ (121½—120¼)　F 132¼ (134⅞—132¼)　482.31"

当我收到首份增加了道·琼斯工业指数收盘价的电报时，就像小孩收到新玩具一样开心。我认为自己已经发现了一种全新的方法。当我试图分析道·琼斯工业指数的表现，与我所持有的个股的表现的相关性时，我认为如果道·琼斯工业指数正在上涨，那么我的股票也应该上涨。

不久我就发现事实并非如此。我试图将某一严格的模式套在市场走势上的做法，是错误的，而且基本上也不可能这么做。

每只股票的走势各不相同，它们之间根本就不存在什么机械的

> 我试图将某一严格的模式套在市场走势上的做法，是错误的，而且基本上也不可能这么做。

模式。在无数次出错后，我终于将指数放回到合适的位置。我颇花费了一些时间才认识到，道·琼斯公司发布的是一种平均走势，它简单地反映被挑选出来的 30 只股票每天的走势。其他股票的走势受它的影响，但并不是机械地跟随。我还逐渐认识到道·琼斯公司并不是一个算命占卜的机构，它发布这个指数不是想告诉人们哪只股票会涨或会跌。

渐渐地，我开始明白要想用某种机械的标准来归类道·琼斯工业指数和个股走势的相关性是不可能的。判断二者的关系更像是一门艺术。从某些方面讲，它就像绘画。画家遵照一定的原则将颜料画在画布上，但他很难解释清楚为什么要这么画。同样我认为道·琼斯工业指数和个股之间的相关性也受特定原则的限制，但人们很难确切了解。从此后，我决定跟踪观察道·琼斯工业指数，但这么做只是为了判断当前的市场处于强势还是弱势。我之所以这么做是因为我意识到，市场主循环会影响几乎所有股票。像熊市或牛市这样的主循环通常会逐渐影响大多数股票。

现在既然我已经对我的理论做了最后的完善，就感觉自己强大多了，好像即将摸到照亮整个房间的开关一样。

　　我发现现在只要看到面前的电报，我就能对这只股票做出判断。对我来说它们就像 X 光射线一样。对于那些不谙此道的人来说，X 光片毫无价值，但对医生来说，X 光片上往往就包含了他想知道的所有信息。他会将 X 光片上的信息与病人的病因、得病时间长短和病人年龄联系起来分析，之后才能做出诊断。

　　我看电报的性质与医生看 X 光片类似。在看电报的过程中，我首先比较所持有的股票的价格，然后再将它们与道·琼斯工业指数比较，算出它们的价格波动范围后，这样我就能估算出到底应该买进、卖出还是持有。

　　整个过程都是自动进行，不需要深入分析。刚开始我无法完全解释这一点，直到有一天我认识到，现在我是在读字母而不再是一个个地拼写字母。也就是说，我现在的行为是一个已经受到教育的成年人的行为——看上一眼就能明白纸上文字的内容，并能迅速据此做出判断，而不再需要像个孩子一样，费力地将字母拼到一起，才能明白其中的含义。

　　与此同时我努力训练自己的情绪。我的方法如下：不管什么时候买入一只股票，我都要记下买入的理由。当我卖出时也要记下卖出的理由。一旦交易以亏损结束，我就要记下我

> 我努力训练自己的情绪。我的方法如下：不管什么时候买入一只股票，我都要记下买入的理由。

所认为的亏损原因，然后尽量避免再犯同样的错误。我的交易

记录表如下：

股票名称	买入价 （美元／股）	卖出价 （美元／股）	亏损原因
Island Creek Coal	46	$43\frac{1}{2}$	买得太迟
Joy Manufacturing	62	$60\frac{5}{8}$	止损位设得太窄
Eastern Gas & Fuel	$27\frac{3}{4}$	$25\frac{1}{8}$	忽略了整个市场处于弱势
Alcoa	118	$116\frac{1}{2}$	下跌的时候买的
Cooper-Bessemer	$55\frac{3}{8}$	54	时机没把握好

　　这种错误原因表对我帮助很大。当我把这些表一张张写出来后，就从每次交易中吸取了经验和教训。我开始明白，股票就像人一样也是有性格的。我这么说是有道理的，因为股价反映的是买卖股票的人的性格。

　　股票就像人一样走势各异。有些股票走势平静、缓慢、保守，另外一些股票走势跳跃、敏感、激烈。我发现有些股票的走势容易把握，它们往往能保持一致稳定的风格，走势合理。它们就像是我们可靠的朋友。

　　也有些股票的走势很难把握。每次我买进这样的股票都以赔钱结束。它们的走势具有某些人类行为的特征。它们似乎并不欢迎我，并让我想起那些我本想努力结交却被反认为是想侮辱他的人，而且我还被他打了耳光。因此我逐渐认定，只要我在这种股票上吃两次亏，我就再不碰它们。我只需避开它们的拳头，买其他我能把握得更好的股票即可，没必要跟它们较劲。当然这并不是说，另外与我有着不同脾气的人不能把握好这种股票——这就好比有些人更容易与某一类人相处一样。

我从这种错误原因表中获得的经验和教训，成为我炒股资历中最重要的内容。现在我明白了，这种经验和教训从书本上是永远学不来的。我逐渐明白，这就好比开车。人们可以教会司机如何使用油门、方向盘和刹车，但他还是得培养自己对驾车的体验。没有人能够告诉他如何判断他离前面的车是不是太近，或者说他什么时候该减速。他只能通过实践才能把握这些知识。

当我穿梭在世界各地并通过电报来买卖华尔街的股票时，逐渐明白一个道理，即尽管我在逐渐成长为一名诊断专家，但不可能成为先知者。当我分析一只股票并发现其走势强劲时，我只能说：它现在、此时、此刻的走势健康。我不能保证它明天不得"感冒"。我凭经验所做的推测不管是多么小心谨慎，事后证明许多时候都是错误的。但我并不再为此而苦恼。毕竟我想，我凭什么说一只股票应该怎样或不应该怎样呢？

明白了这些后，现在即使我判断错了也不会因此而不高兴。如果我判断正确那更好。如果我判断错了——我也已经及早卖出，不会有太大的损失。整个过程自动进行，就好像是一件与我无关的事。我不再因为股票上涨而自豪，也不再因为股票下跌而沮丧。我知道"价值"一词放在股票身上没什么用。一只股票的价值就是它的报价，反过来股票的价格完全取决于买卖双方的供求关系。最后我终于明白了，根本就不存在所谓的50

美元的股票。如果一只股票现在报价是 50 美元，随后跌到 49 美元，那么它现在就是 49 美元。在离华尔街数千里的远方，我成功地使自己置身于所持有的股票之外，对它们不再抱有任何个人感情色彩。

同时我还决定不再受税收问题的影响。许多人持有股票长达半年之久，就是为了获得长期资本收益。我认为这样做很危险。因为一旦持有的是一只下跌的股票，那么我可能仅仅为了获得税收减免而损失本金。

我认为要想在市场上成功操作，首先就要做正确的事——遵循股票的走势，顺势而为，其次才是考虑税收问题。

经过这一番调整后，有一段时间我的操作很成功，就好像股票们也认同我的新看法一样。当我认为正确时就大胆买入，当我认为错误时就冷静抛出以控制损失，我不再认为这样做有伤自尊。

其间我操作得最成功的一只股票是 Cooper-Bessemer 公司。这只股票我先后买了三次，每次都买 200 股，其中前两次都是略有亏损，但第三次获利丰厚。详细交易信息如下：

1956 年 11 月

   买入价：46　美元 / 股（总计 9 276.00 美元）

   卖出价：45 $\frac{1}{8}$ 美元 / 股（总计 8 941.09 美元）

                                  损失：334.91 美元

> 1956 年 12 月
>
>   买入价：$55\frac{3}{8}$ 美元 / 股（总计 11 156.08 美元）
>
>   卖出价：54   美元 / 股（总计 10 710.38 美元）
>
>   损失：445.70 美元
>
> 1957 年 1 ～ 4 月
>
>   买入价：57   美元 / 股（总计 7 242.20 美元）
>
>   卖出价：$70\frac{3}{4}$ 美元 / 股（总计 7 353.39 美元）⊖
>
>   收益：2 575.55 美元

    还有几只股票我操作得也相当好，获得了可观的利润，如 Dresser Industries 公司和雷纳尔兹金属公司。

    但是随后在 1957 年的夏天，当我在新加坡演出时，又经历了一系挫折。

    我曾以 $56\frac{1}{4}$ 美元的价格，买过巴俄铁路公司（Baltimore & Ohio Railroad，即从巴尔的摩到俄亥俄的铁路运营公司）的股票，本以为它运行在 56/61 美元的箱体里，并将突破，但它却开始下跌，最后我在 55 美元处抛出。

    然后我又买了 Dobeckmun 公司的股票。我判断它运行在 44/49 美元的箱体里，因此在 45 美元处买入，结果它开始下跌，我在 41 美元处抛出。

    ⊖ 原书如此，疑有误。——编者注

我还在 44 美元处买过 Daystrom 公司的股票，因为我判断它即将进入 45/50 美元的箱体。最后我在 42¼ 美元处抛出。

随后我又以 61¾ 美元的价格，买了 Foster Wheeler 公司的股票，我判断它运行在 60/80 美元的箱体里。随后，当股价走势逐渐朝相反的方向运行时，我在它刚刚跌破箱体下轨 60 美元时，就以 59½ 美元的价格将其抛出。

最后我又买了 Aeroquip 公司的股票。我已经判断出，其股价波动范围在 23¼ ～ 27⅝ 美元之间。我看着它向 30 美元推进，就等着形成 31/35 美元的新箱体。结果没有出现这种走势。于是我在 27½ 美元处将其止损卖出。

到 1957 年 8 月 26 日，我发现手里一只股票也没有了。我设立的自动止损卖单已帮我卖光了所有股票。两个月后，我止损的股票都逐渐步入跌势，它们一只接一只地跌破了箱体下轨。不过值得庆幸的是，我已经一只接一只地将它们卖出，哪怕当时只跌了不到 1 美元。

我不喜欢一只股票都没有的情形，但又无能为力。根据我的操作理论，现在我只能坐下来，耐心等待已经被我止损掉的股票或其他我正在关注的股票价格运行到新的更高的箱体里。

当这些股票价格持续不断地下跌时，我只能焦虑不安地站在一旁看着，无法投进去一分钱。

但还是没有出现机会。我不知道，其实当时市场正处于一轮大牛市的末期。直到几个月后，人们才看清这一点，同时宣称市场正处于熊市。还有一半华尔街的分析师仍在争论这个问题。他们认为这只是一轮中期调整——是上升趋势中的短暂休整。不过他们都承认股价在大幅下跌。

当然这些都是事后的观点，已经太晚了。当人们需要远离市场的建议时却无从获得。

由此我想到希特勒决定攻打斯大林格勒时的情形。对希特勒来说，斯大林格勒只不过是又一座有待征服和占领的苏联城镇。当斯大林格勒战役即将打响时，没有人知道它会成为这场战争的转折点。直到很久以后，人们才认识到这一点。

即使是在德国军队后撤一半时，人们还认为这只是德军的战略性撤退。但实际上它却标志着希特勒军队的终结。因此事后看来，希特勒攻打斯大林格勒之日就是纳粹战争"牛市"结束之时。

同样，我也认识到，当市场出现重大历史转折点时，我不可能判断出来。随着华尔街股价持续下跌，让我欣喜的是，我逐渐认识到，有了借助止损卖单设立的快速止损出局的系统后，就没必要做这种判断了。

我高兴地发现，我设计的这一套操作方法比我想象的还有效。它让我早在熊市来临之前就已自动抛空。市场已经发生改变——但我早已把股票清空。

对我来说最重要的一点在于，我是在绝对一点也不知道市场将要下跌的情况下，把股票清空的。如果我知道一星半点消息那又会怎样呢？当时我离华尔街太远，根本就看不到股市预测，研究不了基本面信息，也听不到任何谣言。我只是根据我所持有的股票的走势清空了股票。

后来当我回过头来研究那些已经被我自动卖出的股票时，发现它们在市场下跌时股价跌得很惨。详细情况如下：

股票名称	1957 年我卖出时的价格（美元 / 股）	1958 年的最低价（美元 / 股）	1958 年的最高价（美元 / 股）
巴俄铁路	55	22 $\frac{5}{8}$	45 $\frac{1}{4}$
Daystrom	42 $\frac{1}{4}$	30	39 $\frac{3}{4}$
Foster Wheeler	59 $\frac{1}{2}$	25 $\frac{1}{8}$	39 $\frac{1}{8}$
Aeroquip	27 $\frac{1}{2}$	16 $\frac{7}{8}$	25 $\frac{3}{4}$
Allied Control	48 $\frac{1}{4}$	33 $\frac{1}{2}$	46 $\frac{1}{2}$
Dresser Industries	54 $\frac{1}{2}$	33	46 $\frac{5}{8}$
Joy Manufacturing	68	38	54 $\frac{1}{2}$
Allegheny Ludlum	56 $\frac{1}{2}$	30 $\frac{1}{8}$	49 $\frac{3}{8}$

当我看到这张表时，我寻思着：如果不是我的止损卖单帮我卖掉这些股票，我可能要损失约 50% 的资金。那样的话我就像被关在笼子里的人一样，拿着满把深度套牢的股票，同时错失下一次赚钱的机会。唯一的解脱办法就是认赔出局，但 50% 的损失可能会毁掉我自己，并重创未来操作的信心。

当然，或许我买了这些股票后就将它们"放在一边"。这正是那些自诩保守的投资者的做法。但是现在我认为他们是纯粹的赌徒。当一只股票不断下跌时他们依然抱着不放，这不叫赌徒叫什么呢？如果不是赌徒，那么一旦股价开始下跌就应该卖出。而他们却满怀再来一张好牌的期待一直持股，这正是赌徒的心理。

想想那些在 1929 年以 250 美元的价格买进 New York Central 公司股票的人。如果他们一直持股到现在，就只值 27 美元了。不过如果你将他们称作赌徒他们会很生气！

正是怀着这种不赌的心态，我在 1957 年 9 月的第 1 周收到了我的月交割单，我开始检查账户情况。结果发现我已经把在 Jones & Laughlin 上亏的钱全部赚回来了，我最初投入的 37 000 美元本金几乎毫发无损。其间我所进行的许多次交易是相当成功的，可惜手续费和税收吞食了很大一块利润。

当我深入检查账户情况时，却发现了一个令人难堪的结果：我在经历了历史上最大的牛市后，从中吸取了丰富的经验，获得了大量的知识，自信心也得到了提升，但却损失了 889 美元。

第四部分

技术＋基本面分析

　　我根据股票在市场上的技术表现选出标的股票，但只有当基本面分析揭示，这只股票的盈利能力在提高时我才买进。

第 6 章

小 熊 市

过了几周一只股票都没有的日子后，我决定仔细审视目前
所处的状况。为了看得更清楚，我将牛市和熊市中个股的表现
进行了比较。

经过比较我发现，牛市就像阳光灿烂的夏令营，到处都是
健壮的运动员——但记忆中某些股票比其他股票更强壮。熊市
呢？阳光灿烂的夏令营这时已成了医院。大多数股票都病歪歪
的——但其中一些股票病得比别的更重。

当跌势来临时，几乎所有股票都会受损或是被摧毁。这时
的问题不过是估计这些股票病得有多重，以及这种病况要持续
多久罢了。

据我推测，如果一只股票从 100 美元跌到了 40 美元，那
么很长时间内它都难以再重新回到这一高位。这就好比一名腿

伤严重的运动员，需要很长时间的康复，才能再像以前一样奔跑跳跃。我不能指望买进一只股票后，使劲给它打气加油来获利，对于这一点现在我已很清楚。操作 Jones & Laughlin 失败的教训使我对此确信不疑。我现在还记得，当时自己那种盼望它上涨甚至恨不得推着股票上涨的强烈心情。这完全是人性使然，但它对市场不会有任何影响，就像观众不会对赛马产生任何影响一样。如果某匹马注定要赢，那它就会赢，即使成千上万的旁观者为另一匹马加油鼓劲，也无济于事。

现在的情形正是如此。我知道，如果我买进一只事后证明是错误的股票，那么世界上所有的打气加油，都不会改变其股价走势半分。而且也没有人知道，市场会跌到什么地方。我讨厌下跌趋势，但是我知道，在下跌市场中反抗也无济于事。

这让我想起了英国剧作家萧伯纳（George Bernard Shaw）在剧目首演场上的发言。当大幕徐徐落下后，所有的人都在鼓掌欢呼，只有一个人喝倒彩。萧伯纳走到他跟前说："难道你不喜欢我的戏吗？"

此人答曰："是的，我不喜欢。"于是，萧伯纳说道："我也不喜欢，但是所有这些人都喜欢，我们俩又能怎样呢？"

因此我认同现实状况——而不是我的主观愿望。在下跌市道中，我只有站在一旁等待更好的时机出现。

我下定决心不做交易——态度是如此坚定，以至于我的经纪人写信来询问缘由。我用开玩笑的口气对他解释说："目前的市况就像是鸟市。我没有理由要待在一个鸟市里。"

随后一段时间，我就像正在为比赛做准备活动的运动员一样，做着准备工作。一周又一周，我没有一只股票，股市在稳步下跌，我跟踪关注着《巴伦周刊》上的股票报价，试图从中找出那些抗跌的股票。我寻思，如果在股市下跌时它们能逆市而动，那么一旦股市风向发生变化，能迅速上涨的也将是这些股票。

不久，当股市第一轮下跌结束后，我的机会来了。某些股票开始不再随大市下跌。它们虽然也在跌，但是当大多数股票跟随大市的节奏快速下跌时，这些股票跌得很不情愿。我几乎都能感受到它们的勉强情绪。

经过仔细分析，我发现，大部分抗跌的股票都是盈利趋势明确将是大幅向上的股票。结论显而易见：即使市道不好，也有资本流向这些股票。这种资本对盈利增长的股票的追寻，跟狗的嗅觉一样灵敏。这一发现把我引向一片全新的视野。

我明白了，股价受制于股票的盈利能力，确实如此。于是我认定，不管股票价格走势背后的原因有多少，我都只看其中一种原因，即不断提高的盈利能力或预期将会不断提高的盈利能力。为了做到这一点，我把技术分析和基本面分析方法结合起来使用。首先，我根据股票在市场上的技术表现选出标的股票，但只有当基本面分析揭示，这只股票的盈利能力在提高时我才买进。

我就是这样摸索总结出技术分析－基本面分析结合理论的，而且现在我还在用这种办法操作。

为了实用，我认为要看 20 年。这并不是说我要持有一只股票 20 年。这与我的本意正好相反。反之，我找的是那些符合未来发展趋势的股票，是那些预期未来将推出革命性的产品，从而使公司盈利迅速提升的股票。

显然现在就有这样的行业，如电子、导弹、火箭燃料。它们正处于快速扩张期，是稚嫩的新兴行业，除非发生某种不可预见的意外事件，否则这种扩张不久就会在市场上体现出来。通过我对股市历史的研究，我知道，指引未来潜力股的原则在华尔街市场一直有效。多年来，在汽车产业兴起之前，聪明的投资者把钱投向了铁路股，因为他们知道铁路将会取代篷车和公共马车。大约 20 年后，精明的投资人又把钱从铁路股上撤出投向了汽车股。回顾过去，当时，像通用汽车和克莱斯勒这样的正在扩张的公司，还只是小公司。但是，它们代表了未来的发展方向。那个时候买进通用汽车和克莱斯勒的股票，并且在它们扩张时一直持有的人都能赚很多钱。现在它们已成为众所周知的股票，不再适合具有前瞻性的投资者了。

我想今天也一样。按照未来繁荣理论，那些预计未来将有巨大发展的股票走势应该强于其他股票。一只适用喷气式飞机时代的股票，20 年后股价可能是现在的 20 倍。

我知道这种股票有确定的流行时尚，就像女士们的服装一样，如果我想取得成功，那么找到流行的股票就是重中之重。

流行女装在不断变化，流行股票也是如此。每隔两三年，女士们就会把裙摆增加或缩短一两寸。

股票也是如此。只要没有过时，前瞻性的投资者就会买入并持有。然后，随着时尚潮流慢慢消退，他们就会卖出，再将资金投入新的流行股票。我知道，我必须密切关注市场，观察这些潮流的变化，否则当露出膝盖的短裙子成为新潮流时，我还拿着一把像长裙子的过时股票。除非我十分警觉，否则就会错过一些具有轰动效应的新潮流，如丰胸流行的时代。

事情本身并没有它看起来那么花哨。就拿那种能飞的神秘产品来说吧，大家都蜂拥买入这家公司的股票。然而，在俄勒冈的一间改装马厩里，已经有两个人正在搞一项新发明，一旦发明成功它将远远超出能飞的汽车。

一旦这个新产品做好了面市的准备，而且已成立公司专门来运作此事，那么它就会取代最初那种会飞的汽车。这家汽车公司的股价就会开始下跌，它就会成为过时的股票。

这是一个过于简化的例子，它并没有解决下面这个问题：怎样才能买到本年度的流行股？我只能通过密切关注市场来寻找蛛丝马迹。如果流行时尚看起来要从长裙子变成别的，那么一定有另外一些将要流行的股票，来取代它的位置。我的工作就是，找到那种将会流行起来的股票，因为它们激起了人们对未来的想象。

根据这一思路，我密切关注着与喷气式飞机时代有关的一揽子股票的市场报价。我对各家公司的具体产品并不感兴趣，不管它是为火箭生产金属制品、固体燃料还是先进的电子设备。事实上，我不需要知道它们是做什么的——此类信息只会拖我的后腿。我并不关心公司的产品，就像我不会因为公司董事长有一个漂亮的妻子而受到影响一样。但是我必须知道，这家公司是否属于生机勃勃的新兴行业，它的市场走势是否符合我的要求。

我这么说肯定违背了许多财经作者的建议，这些人有着保守的背景，几十年来，他们一直在喋喋不休地告诫投资人，必须研究公司的财务报告和资产负债表，以尽其所能地了解一只股票的情况，从而做出明智的投资决策。

我认为这种做法不适合我。公司的财务报告和资产负债表反映的是过去和现在的信息，它们不能告诉我未来的情况。正是因为这一点我必须自己做计划。我还意识到这仅仅是我个人的看法，因为我希望获得资本收益。而那些希望获得稳定的分红收益的人，肯定会有其他的看法。

　　我一边穿梭在世界各地，一边不断寻找那些因为未来预期良好而将会快速上涨的股票。我这样做是为交易做准备，别人可能会把这种交易看作高价股交易。我寻找那些能再创新高的股票，当它们进入飙升前的整理期时，我就会全力关注其价格走势。现在这些股票看上去比以前更贵，因此对于那些没有经验的投资者来说，它们看上去价格太高了。但是，我打算高价买入然后以更高的价格卖出。

　　凭借多年操作中积累的经验，我努力寻找这些现在是高价但未来仍有上涨空间的快速上涨的股票。因为我相信，一旦市场出现转好的迹象，这一类股票，就会率先上涨所以我坚持不断地寻找这一类股票。

　　我仔细观察着十几只看起来属于这一类的个股，每周查看它们的报价，分析其走势以免出现不好的兆头。

　　我密切关注它们的价格走势，同时对任何反常的走势保持高度警惕。我也没有忘记成交量的重要性。

　　我还准备操作高价股，因为高价股的经纪佣金相对便宜。当我查阅佣金的费率时发现，将 10 000 美元投资于 100 美元的股票，佣金总额要比投资于 10 美元的股票低。原因如下：

　　假设我要投资 10 000 美元买入一只股票，可以有好几种投资方案。例如：

买入 1 000 股   10 美元 / 股的股票

买入   500 股   20 美元 / 股的股票

买入   100 股 100 美元 / 股的股票

纽约股票交易所的佣金费率如下：

股价（美元 / 股）	每 100 股的佣金（美元）
1	6
5	10
10	15
20	25
30	30
40	35
50	40
100	45

如果投资 10 000 美元，买卖佣金成本合计为：

买 10 美元 / 股的股票共 1 000 股，成本 =10×15×2=300 美元。

买 20 美元 / 股的股票共 500 股，成本 =5×25×2=250 美元。

买 100 美元 / 股的股票共 100 股，成本 =1×45×2=90 美元。

如果买入点正确，经纪人的佣金并不重要，因为佣金可以从利润中出。但是，如果我买卖的时点没有把握好，最后止损出局——那就是另外一回事了。这时，买进卖出分别要出两次佣金，自然会扩大损失。因此正如你所知道的，如果我买的是高价股，即便买错了佣金成本也要小得多，因此损失也要少一些。

当我看到市场不断下跌时，我知道它不会一直跌下去。股票迟早会上涨的。它们往往也是如此。熊市之后总有牛市。有经验的投资者会观察市场转势的早期信号，一旦确定市场确实已由熊转牛，他们就会率先买入，等到其他人都看到股市已转势时，股价已涨得太高了。

这让我回想起滑铁卢战役。在这场著名的战役中，洛希尔金融公司（Rothschild）的一个代理人一听到战争胜利的确切消息，就立即起身赶往伦敦，并向洛希尔报告了这一消息。于是洛希尔在其他人听到这一消息前，开始尽其所能地买进所有英国政府发行的股票。当然当其他人听到这一消息时，股价早已涨到天上去了，这时洛希尔将股票售出获得了巨额利润。在今天的华尔街依然如此。虽然现在信息传播的速度比古代要快得多，但是原则并没有改变——要比别人动作更早更迅速。

这正是 5 年来我训练自己将要达到的状态。我知道我已学会了很多知识。我在加拿大时期的投资经历教会我，不要以赌博的心态做投资；做基本面分析的经历使我了解了行业分类和各个行业的盈利趋势；做技术分析的经历告诉我，如何解读股票的价格走势和技术点位——现在我把这些知识整合到一起，以强化自己的操作技能。这样做就好比做出了一个引人入胜的拼图游戏，最终使所有图片都完美归位。我确信这种方法将在未来的投资实践中获得成功。因此，我平静而自信地等待着市场转机的来临。

几个月后，我等待的市场转机终于出现了。有一天当我看《巴伦周刊》的时候注意到，尽管道·琼斯工业指数仍在延续几个月来的跌势，但是已有少数个股开始崭露头角，它们就像开在冬天的玫瑰花苞一样不引人注意。这些稚嫩的嫩芽能否经受住霜冻的考验还是一个问题。但是，当我注意到这种渐进的复苏迹象时，我开始感到这一轮小熊市正临近尾声——至少对某些股票是这样。

不过我确实还对一事持有疑虑——那就是，前一轮牛市的领涨股可能不会在新一轮牛市中继续领涨。我确信它们的股价已得到充分挖掘，因此它们暂时不会再创出同样令人咋舌的高价，这曾经给那些跟风的投资者带来了如此多的利润。

所以，我必须寻找新的龙头股。后来的事实证明这一思路是正确的，因为这一时期潜伏在市场中的潜力股，是一些显然不会引起任何人兴趣的股票。那时（1957 年 11 月）我

> 我必须寻找新的龙头股。后来的事实证明这一思路是正确的，因为这一时期潜伏在市场中的潜力股，是一些显然不会引起任何人兴趣的股票。

对它们也毫无兴趣。以前我都没有听说过这些股票。明细如下：

Universal Product	价格：	20 美元 / 股
Thiokol Chemical	价格：	64 美元 / 股
Texas Instruments（德州仪器公司）	价格：	23 美元 / 股
Zenith Radio	价格：	116 美元 / 股
Rairchild Camera（仙童照相机公司）	价格：	19 美元 / 股

这些股票不是死股。它们只是像还没有诞生的孩子一样，正处于积蓄力量的早期阶段。不久后它们肯定会苏醒，它们将成为市场上新的龙头股。它们将让我获利 200 万美元。

第 7 章

理论开始奏效

当华尔街大多数股票在下跌时，我在全世界各地继续演出之旅。1957 年 11 月，当我参加胡志明市的"彩虹福利基金会"的演出时，在《巴伦周刊》上注意到一只名为罗瑞拉德公司（Lorillard）的股票，我并不熟悉它。

当时我并不知道这家公司在生产某一牌子的过滤嘴香烟，而人们对过滤嘴香烟的狂热即将席卷美国，结果使公司的产量急剧上升。离开胡志明市后，我只知道，罗瑞拉德公司就像一盏信号灯一样，即将从那些陷入下挫泥淖的股票中脱颖而出。尽管当时市道不好，它的股价却在上涨，到 10 月的第 1 周，已从 17 美元涨到 24/27 美元的箱体。那一周它的成交量是126 700 股，与之前正常的成交量 10 000 股相比显著放大。

稳步上涨的股价再加上成交量放大表明，这只股票很有价值。当我发现它生产广为人知的箭牌（Kent）和老金牌（Old Gold）香烟后，我对公司的基本面很满意。我决定，一旦有迹象表明公司股价将冲上 27 美元就买入。

我让经纪人将它每天的报价传给我。不久从其价格走势可以清楚地看出，尽管整体市况不佳，但仍有某些知道内幕的人正在介入这只股票。当时很少有人能知道罗瑞拉德公司将创造华尔街的历史，它将在极短的时间内创出极为令人吃惊的涨幅，令财经界人士张口结舌、目瞪口呆。

当时我们正处于一轮小熊市的泥淖之中，市场气氛还相当悲观。但是，罗瑞拉德公司好像根本就不受这种悲观情绪的影响，股价在这一小箱体里上蹿下跳。

到 1957 年 11 月中旬，罗瑞拉德公司的走势更为独立，它开始向我预估的 27/32 美元的箱体推进。在整体市道疲弱的前提下，它这种卓尔不群的强势给我留下了非常深刻的印象。我认为它这种强势是有足够的技术面和基本面证据支持的，因此我决定在熊市里做多，我从曼谷发出了下列电报：

"买入 200 股罗瑞拉德，价格 27½ 美元，止损位 26 美元"

正如你所看到的一样，尽管我对自己结合技术分析和基本面分析所做的判断很有把握，但是我一刻也没有忘记拿起我的防盗武器——止损指令。这就好比不管房子建得多么坚固都要记着防火一样。

　　几天后我就收到了经纪人发来的确认信息，确认我已以 27½ 美元／股的价格买入 200 股罗瑞拉德公司的股票。我对这次买进的操作很满意，准备张开双臂迎接大幅上涨的到来。

　　后来的结果确实如此，但并不是按照我预期的方式进行的。我第一次买这只股票时并不成功。在 11 月 26 日星期二那天，公司股价正好跌到我的止损位 26 美元，我只得将其卖出。更为不幸的是，我刚一卖出它就开始往上涨，当天尾市收于 26¾ 美元。

　　不过，这次回落是如此短暂，随后的上涨是如此坚决，因此我决定重新买入。同一周，我又以 28¾ 美元的价格将前期抛出的股票买回。我把止损位还是定在 26 美元。

　　这一次，罗瑞拉德的股价走势非常完美。随着时间的推移，我很高兴公司股价再也没有触及止损位。这表明我的判断是正确的，我的理论在这只股票上管用。

　　我碰巧判断正确。1957 年 12 月，罗瑞拉德的股价向上突破 30 美元，并建立了 31/35 美元的新箱体。我在过去买卖类似股票时所积累的经验表明，它正处于加速上涨阶段。我认为这次买对了股票。现在的问题是在合适的时机投入更多资金来买入这只股票。

　　我仔细关注着每天的报价，就像一名斗士寻找挥出拳头的突破口一样，等待有利时机出现。到 1 月末，经过一次调整后，我所期待的向上爆发终于出现了。罗瑞拉德的股价开始坚定地冲破现在箱体的上轨。

这看上去是十分理想的补仓时点。所有因素都是令人鼓舞的——包括技术指标、基本面情况和走势形态。而且，纽约股票交易所此时刚好把保证金比例由 70% 降到了 50%。这意味着我有限的资金现在能买更多的股票，即每投入 1 000 美元可以买价值 2 000 美元的股票了。这一点对我来说很重要，因为我还要把一部分资金投入当时正在关注的另一只股票上。

我正从曼谷飞往日本。我从曼谷发出了追加投资 400 股的买入电报。最后是以 35 美元和 $36\frac{1}{2}$ 美元的价格成交的。

随后几周里，这只股票持续着堪称经典的上涨走势。我很高兴看到我的理论在实践中得到证实。当我环游全球参加舞蹈演出时，罗瑞拉德也在它的价格箱体里稳步运行。短时间内它会调整，之后肯定会以完美的、可预期的形式向上突破到下一个箱体。罗瑞拉德的股价箱体一个摞一个，就像一个完美的金字塔。我看得入迷，从没见过哪只股票的走势有这么完美，就好像我的理论在指引着它前进一样。

1958 年 2 月 17 日，罗瑞拉德向上跳到 $44\frac{3}{8}$ 美元。我感到十分高兴，然而两天后我在东京收到的一份电报却让我直哆嗦。

从电报上的报价看，我的股票一天之内最低跌到了 $36\frac{3}{4}$ 美元，尾盘收于 $37\frac{3}{4}$ 美元。

我对此很困惑，这种走势完全出乎我的意料，我不知道该做何解释。于是我迅速给纽约发电报，将止损位提高到 36 美元，比当天的收盘价低约两美元。我想一旦它跌到 36 美元就全部抛出，那么我首先买的那 200 股还将获利不菲。

因为当时我身处东京，无法知道那天是华尔街的一则谣言使公司股价急速下挫。我只知道当天的走势很糟糕。后来我才知道，曾经有一篇报道称，过滤嘴香烟的防癌效用并不像烟草公司们所宣称的那么有效，正是这一消息吓坏了许多人，把他们洗出去了。

幸运的是下跌过程非常短暂，并没有触及我设定的止损位。这使我更加确信这只股票的强势，因此我决定再买入 400 股，价格是 38⅝ 美元。

我刚买完股价就开始上涨，很快 38⅝ 美元就成为历史。公司随后的报价是：39¾ 美元—40¼ 美元—42 美元。

我非常高兴，就好比亲身参与了一项巨大的新发展。一切看起来就像事先计划好的一样。

正在这个时候，我收到经纪人寄来的一家著名的咨询公司三个星期的咨询报告。一周接一周，这家公司连续强烈敦请其客户卖空罗瑞拉德。这三次推荐报告内容如下：

自从上个星期我们建议你卖空罗瑞拉德后，主力

机构显然是在 44 美元附近将其派发。

这让我很吃惊，但是因为我早已不再相信咨询服务公司的建议，所以对此也没有多在意。

相反，我开始向所有跟我谈起股市的美国游客推荐罗瑞拉德公司。我这么做真是想帮助他们。有一天发生在曼谷凯悦酒店的一件事最能说明我的热情。一天下午午餐时，有人介绍我认识了美国最大的船运公司的总裁。在我们谈话时，他提到他在股市持有市值达 300 万美元的股票，组成情况如下：

250 万美元的新泽西标准石油公司的股票
50 万美元的罗瑞拉德公司的股票

"你认为我这个投资组合怎么样？"他问。我认为怎么样？他问我算是问对人了。

我立即告诉他，应该马上将新泽西石油公司的股票换成罗瑞拉德公司的股票。如果是我就会这么做。

一年后，当我在纽约的一次宴会上再次遇到他时，罗瑞拉德公司的股价已经涨到了 80 美元。

"你最近一次关于股市的建议是什么？"他问我。

"建议？"我吃惊地说，"是我在曼谷给你提的价值 300 万美元的建议吗？"

"如果我听从了你的建议，那就值 300 万美元。"他说。

1958 年 3 月的第 3 周，罗瑞拉德以更为迅猛的势头上涨，一周之内它就涨了 $4\frac{1}{8}$ 美元，成交量也达到 316 600 股的天文数，这时它已稳稳地运行在 50/54 美元的箱体里。

4 月的第 2 周，罗瑞拉德突破 50/54 美元的箱体创出了 $55\frac{1}{4}$ 美元的新高，但马上又跌回到了 50/54 美元的箱体内。因为我不打算再补仓，所以这次下跌也没有特别让我不安。不过，我谨慎地将止损位上移到了 49 美元。

我也曾动摇过一小会，差点就把它卖了，但我扛住了没卖。现在的我已非常有耐心，虽然在这个价位卖出我最早买的那 200 股已轻松获利 20 美元 / 股，但是我还是静下心来决定不这么快就收获利润。

我买罗瑞拉德的成本如下：

以 $28\frac{3}{4}$ 美元 / 股的价格买入 200 股	总计支付 5 808.76 美元
以 35　　美元 / 股的价格买入 200 股	总计支付 7 065.00 美元
以 $36\frac{1}{2}$ 美元 / 股的价格买入 200 股	总计支付 7 366.50 美元
以 $38\frac{5}{8}$ 美元 / 股的价格买入 400 股	总计支付 <u>15 587.24 美元</u>
总计买入 1 000 股	总成本约 35 827.24 美元

最后三笔交易我是以 50% 的保证金比例买入的，因此实际上并没有花这么多钱。我也得以留下一部分资金用于将来对其

他股票的投资，那是一只名为大来公司（Diners' Club）的股票。我是在这一年转年的时候开始注意这只股票的，当时我还在操作罗瑞拉德。

大来公司刚刚进行拆股，每 1 股拆成 2 股，1958 年 1 月最后一周，它的周成交量膨胀到 23 400 股，我认为这一成交量水平对该股来说很反常。

既然成交量快速放大的同时伴有价格上涨，我决定看看这家公司的基本面情况。结果也很让人放心，这家公司属于一个正处于扩张阶段的行业，而且在这一行业内几乎处于垄断地位。它是信用卡系统行业的先锋，而信用卡正被人们广为接受。公司以往的盈利呈绝对上升趋势。了解到这些情况后，我以 24½ 美元／股的价格买入 500 股，止损位设在 21⅝ 美元。

现在的问题是这只股票究竟会朝哪个方向走。我第一次买进的罗瑞拉德公司的股票已经获利，我想如果出现最坏的情况，那我就会在大来公司的股票上赔掉这些利润。但是我没有。我买入后几天，公司股价开始上涨。

按照我的理论，我立即又在 26⅛ 美元处补了 500 股。这两次我都是以保证金的形式买的，保证金比例是 50%。

公司的股价形态演进得十分完美——首先是一个 28/30 美元的箱体，然后是一个 32/36 美元的箱体。最后一次突破时的周成交量达到 52 600 股，这是自公司股票拆细以来成交量最大的一周。

当我看着利润日益增加时，一刻也没有忘记随着股价的上涨抬高止损位，以保住已实现的盈利。我首先把止损位提到 27 美元，然后又提到 31 美元。

到 3 月的第 4 周，这只股票进入一个新的 $36\frac{1}{2}/40$ 美元的箱体，而且看起来似乎要在这个箱体里稳住脚。我把我所持有的大来公司股票的情况汇总起来，具体如下：

以 $24\frac{1}{2}$ 美元/股的价格买入 500 股	总计支付 12 353.15 美元
以 $26\frac{1}{8}$ 美元/股的价格买入 500 股	总计支付 13 167.65 美元
总计买入 1 000 股	总成本 25 520.80 美元

我已获利 10 000 美元。但是按照我的理论应该继续持有。这只股票看起来还会上涨。而且所有证据也都表明它还要上涨。

但是突然，我的电报出乎意料地开始出现不同声音。我很难理解这是为什么，但开始感到不舒服。这只股票看起来好像失去了上涨的意愿，它最后的价格金字塔徘徊在反转的边缘，似乎就要下挫。为了不被困在跌势中，我决定将止损位提升到 $36\frac{3}{8}$ 美元，安全边际比往常收窄了很多。

到 4 月的第 4 周，与我预期相反的事情终于发生。大来公司突破箱体的下轨开始掉头向下，我迅速将手中股票抛出，共收到 35 848.85 美元，获利 10 328.05 美元。

当我坐在东京的帝国饭店,手里拿着电报,电报上称我已获利 10 000 美元时,我第一次感到过去几年我所做的所有研究和所付出的所有担心都是值得的。我开始走向成功。

6 周后,我得到消息,美国运通公司(American Express)公开宣布已决定启动信用卡业务,与大来公司形成竞争,这让我比挣了 10 000 美元还要高兴,因为它完全证实了我的技术分析方法是有效的。这正是大来公司股价在 36 美元附近犹豫不前的原因。有些人在美国运通公司公开发布消息前已得知这一消息,并抛售大来公司的股票。我并不知道这一消息,但我也成为抛售者之一。

因为身处远东地区,我不可能知道任何竞争对手将要成立的消息。但是,我根据价格走势构建的投资系统的技术指标,已提醒我及时卖出。

当我在操作罗瑞拉德和大来的股票时,从未忘记关注《巴伦周刊》上其他股票的报价。各种迹象表明一只名为布鲁斯(E.L.Bruce)的股票越来越值得关注,这是孟菲斯市的一家小公司。这只股票在美国股票交易所挂牌交易。经过仔细查阅资料,我了解到这家公司是做实木地板的。这绝对不符合我选股的基本面标准,但是公司股价的技术形态太有吸引力了,以致我很难不关注它。

布鲁斯在华尔街市场上的走势让我吃惊。通常它一周的交易量不到 5 000 股，然而现在却突然像睡醒了似的开始上涨。到 1958 年 4 月的第 2 周，它的成交量放大到令人吃惊的 19 100 股。之后每周的成交量攀升到 41 500 股—54 200 股—76 500 股，股价平均每周上涨 5 ～ 8 美元，没有任何回调的迹象。

到 5 月初，布鲁斯已从 2 月份的 18 美元涨到了 50 美元，此时它才开始进入首次回调，回调到了 43½ 美元。当然我也不能肯定这只是回调，但在我看来这次回调只是一次短暂的停顿，是空中加油。我认为它还要继续上涨。我本想找出公司股价上涨的基本面理由，但是没有找到。而且，虽然是回调但成交量并没有缩小，价格走势没有破坏，上涨的节奏也还在。

这时我感觉自己就像坐在黑暗的电影院里看一部恐怖片的观众，正等着大幕收起。当我从东京飞往加尔各答时，一路上都在思考布鲁斯的股价，不得其解。这家公司股价的波动范围比大多数股票都大，也比大多数股票活跃，我都无法给它划定一个明确的股价运行箱体。当我飞越印度洋时，我决定破一次例。不管有没有基本面因素的支持，只要它的股价突破 50 美元我就买入，而且我准备大量买入。

但我需要资金。我抛出大来公司后收回了一部分资金，但是这还不够。我也可以动用储蓄，但自打在 Jones & Laughlin 公司上栽了跟头后，我决定永远不再拿超出我承受能力的资金去冒险。结果自那以后，我再也没有拿我的演出收入追加投入到股市。

唯一可行的办法就是，再看看我的老朋友罗瑞拉德的股价走势怎么样。它还是那么强势吗？

不是。现在它向上突破时并不是很坚决，回调也很深。我打算把我的资金从罗瑞拉德公司上抽回来，准备投入布鲁斯。我在 5 月的第 2 周以 57⅜ 美元的均价抛掉了 1 000 股罗瑞拉德的股票，总收入是 56 880.45 美元，利润是 21 052.95 美元。

这笔利润再加上我从大来公司上赚得的 10 000 美元的利润，意味着在 5 个月的时间里我的资金翻了一倍。我颇感高兴自豪，准备像一名巨人杀手一样，收拾布鲁斯这样走势强劲且反复无常的股票。

我为这次战斗做了精心的准备。经过罗瑞拉德的交易后，我总结出我的这一套办法是如此有效，因此不想把所有的交易都交给一家公司来做。我认为如果有人跟随我进行操作，将会使我陷入困境。因此我给纽约打电话，又在另外两家经纪公司开了两个账户。

到 1958 年 5 月的第 3 周，我给纽约发电报以 50¾ 美元的价格买入 500 股布鲁斯公司的股票，以自动停损买单的形式买。我把止损位设在 48 美元。

在随后的几天里，这只股票走势如此漂亮，因此我决定充分利用现有的 50% 保证金比例这一有利条件。当我看到公司股价没有触及止损位后，我开始继续补仓，每一笔买单都附设了止损位，价格在 47～48 美元之间。我寻思一旦被迫止损出局，我也只会损失从大来公司上获得的利润。

我购买布鲁斯公司股票的详细情况如下：

以 50 ¾ 美元 / 股的价格买入 500 股	总计 25 510.95 美元
以 51 ⅛ 美元 / 股的价格买入 500 股	总计 25 698.90 美元
以 51 ¾ 美元 / 股的价格买入 500 股	总计 26 012.20 美元
以 52 ¾ 美元 / 股的价格买入 500 股	总计 26 513.45 美元
以 53 ⅝ 美元 / 股的价格买入 500 股	总计 26 952.05 美元
总计买入 2 500 股	总成本 130 687.55 美元

我的时机把握得很好。布鲁斯真的开始攀升，就像受到某种磁力的吸引一样。当我观察它的走势时，那种暴涨的架势让我很吃惊，太壮观了。

我刚在加尔各答的酒店坐下来看每天收到的报价，不久他们告诉我这只股票已经冲上了 60 美元。稍做迟疑后，它突然又一次爆发。到 6 月 13 日，它已涨到 77 美元。

即便在遥远的印度，我也能明显地感觉到，美国股票交易所必定发生了很奇怪的事情。我不得不与自己做艰苦的斗争，以抵住给纽约打电话了解事情缘由的冲动。每当我想给经纪人打电话时，我就对自己说，不，千万不能打，打了也只会听到谣言，继而让你犯糊涂。

当我坐在加尔各答的格兰酒店对华尔街发生的一切感到纳闷时，没有谁的决心和耐心比我受到的煎熬更严重。

几天后，来自纽约的一个电话让我备受考验的耐心变成了恐惧。这是我的一个经纪人打来的，我被他吓得心脏几乎都停止了跳动。他说："他们已经暂停了布鲁斯在美国股票交易所的交易。"当我听到这句话的时候，电话都差点儿掉地上了。我惊恐万分。布鲁斯停止交易！我在这家公司上投了 60 000 多美元，全部资金都投进去了。这是不是说这些钱都会损失掉呢？当时我很难集中精力再听下去。几分钟后我才从恐惧中恢复过来听他还要说什么。

因为我几近疯狂，所以过了好长时间我才明白这并不是说我要破产，而是现在我可以以每股 100 美元的价格在柜台市场卖出布鲁斯。我被彻底搞昏了。100 美元一股！这是怎么回事？

当他通过纽约到加尔各答的长途电话告诉我整件事情的始末时，我直哆嗦。

原来是某些华尔街的交易员根据布鲁斯公司的基本面情况认为，布鲁斯的账面价值和盈利情况显示公司股价最多不会超过 30 美元一股。因此，他们开始在 45 ～ 50 美元之间卖空布鲁斯,还自信地认为他们可以以远低于 30 美元的价格买回来,从而完成交割。

他们犯了一个严重的错误,因为有一点他们不知道。当时纽约一位名叫爱德华·吉尔伯特的制造商正想把布鲁斯家族赶出公司董事会。他和他的关联方想获得与布鲁斯家族相当的流通股数量,高达 314 600 股。正是这一行动使公司股价急剧飙升。成交量大得惊人,在 10 周的时间内,布鲁斯的成交量达到 275 000 股。

那些卖空的人对市场判断严重失误,现在不得不疯狂地争相买入布鲁斯的股票以保证履约,结果把它的股价推到了令人目眩的高度。这些人被这只股票神秘的上涨动能打得措手不及,慌乱之下他们在任何价位都买不到股票来履约。

最后,由于这只股票的交易已经疯狂,无法保证正常的市场秩序,美国股票交易所决定暂停交易。但这对那些绝望的空头来说没什么两样。他们还是得交割股票。现在他们愿意在柜台市场不惜一切代价来买进这只股票。

我茫然地听着这一切。我的经纪人问我,既然现在柜台市场的价格是每股 100 美元,我是否要让他以这一价格抛出。

我回想起每天的电报,它们是怎样开始为我描绘这幅惊心动魄的布鲁斯股价走势图的。我还清楚地记得,当我告诉自己要坚强,不要打电话询问到底发生什么事情时所经受的严峻考验，因为打电话了解到的消息也会被我冠以"谣言"的名头，而我发誓再也不听信谣言。我回想起每天电报上的报价显示布鲁斯的股价在轰轰烈烈地上涨时，我是怎样克服种种冲动坚持持有的，现在我不知道该如何是好。

我还要持有吗？我面临一个十分艰难的决策。这是一次巨大而诱人的获利机会。当我听经纪人说时强烈感受到卖出的冲动。毕竟，以 100 美元的价格卖出意味着我又能赚一大笔。

> 我边听边想，然后做出了人生中最为重要的一次决定。我说："不，我不会以100美元的价格抛售。我没有理由卖出一只正在上涨的股票。我要继续持有。"

我边听边想，然后做出了人生中最为重要的一次决定。我说："不，我不会以100美元的价格抛售。我没有理由卖出一只正在上涨的股票。我要继续持有。"

我确实是这么做的。这是一个伟大而艰难的决策，但事后证明这是一个正确的决策。在接下来的几周里，好几次我接到来自美国各地的经纪人的紧迫电话，他们为购买我手中的布鲁斯股票出价越来越高。我在柜台市场上 100 股、200 股零零星星地抛出了股票——最后的平均售价为 171 美元。

这是我第一次在股市上打的真正意义上的大胜仗。我从这次交易中获利 295 305.45 美元。

这对我来说是件天大的事。我太高兴了，甚至都不知道是怎么回去的。我向所有愿意倾听的人诉说这一故事。我向他们展示我的电报单。他们唯一的反应是："是谁告诉你消息的？"我竭力想说明没有人告诉我任何消息，这完全是凭我自己的判断实现的，我为此兴奋不已、激动不已。

　　没有人相信我。我敢肯定，我在加尔各答的所有朋友直到今天都认为吉尔伯特先生肯定向我吐露了秘密。

| 第 8 章 |

第一个 50 万美元

我在操作布鲁斯时获得的巨大的成功本应使我心态更急迫，放松警惕，但我却更为谨慎。投资 9 个月就获利 325 000 美元，我决定不要让错误的操作吞噬辛苦挣来的利润。很多操作者在 9 个月时间里挣了一大笔钱，结果后来在 9 周的时间里又全部赔进去了。我采取的第一项措施就是，把我挣得利润的一半从股市撤出。我拿着剩余的资金警觉地盯着股市，寻找新的走势良好的潜力股。就像人们取得极大的成功后经常出现的情况一样，之后一两个月我也鲜有什么成功之作。

> 很多操作者在 9 个月时间里挣了一大笔钱，结果后来在 9 周的时间里又全部赔进去了。我采取的第一项措施就是，把我挣得利润的一半从股市撤出。我拿着剩余的资金警觉地盯着股市，寻找新的走势良好的潜力股。

我曾谨慎地买入 500 股 Molybdenum，买入价是 27 美元，总成本是 13 606.25 美元。几乎刚买进去我就被迫止损出局，卖出价是 26½ 美元，收回投资 13 123.78 美元。

我还短线操作过 Haveg Industries。我以 31⅜ 美元的价格买了 500 股，总成本 15 860.95 美元。随后公司股价开始掉头，看起来似乎要跌破 30 美元，于是我在 30½ 美元的时候将其抛出，总收入 15 056.94 美元。

接下来我没有发现什么感兴趣的标的，于是冒险回头继续关注罗瑞拉德。这只股票就像沙漠里的树木一样曾经在熊市里表现突出，现在的走势却相当疲弱，就像一位老迈的绅士。但因为我第一次操作它的时候非常成功，所以总觉得跟它有一种割舍不断的联系。很长一段时间我都丢不开它，它已成为我所偏爱的美国股票。我知道这样做完全是错误的，却无法抑制自己对它的偏爱。

因为我认为它正在爬向价格更高的箱体，所以曾先后买过三次。但每次都因为新箱体没有实现而割肉抛出。详细操作情况如下：

> **1 000 股**
> 买入价：70 ½ 美元（总计 70 960.50 美元）
> 卖出价：67 ⅞ 美元（总计 67 369.74 美元）
>
> 损失：3 590.76 美元

> 500 股
>
> 买入价：69 ⅛ 美元（总计 34 792.05 美元）
>
> 卖出价：67 ¾ 美元（总计 33 622.42 美元）
>
> 损失：1 169.63 美元
>
> 1 000 股
>
> 买入价：67 ¾ 美元（总计 68 207.80 美元）
>
> 卖出价：67　美元（总计 66 495.66 美元）
>
> 损失：1 712.14 美元

情况就是这样。最终到第三次赔钱的时候，彻底粉碎了我对这家公司的好感，之后我再也没有买过这只股票。我已经意识到，像罗瑞拉德现在这种疲软的走势，显然不再是我所需要的股票。

抛掉罗瑞拉德后，我坐下来对这一段时间的操作做了个小结。情况如下：

股票名称	收益（美元）	损失（美元）
罗瑞拉德	21 052.95	6 472.53
大来	10 328.05	
布鲁斯	295 305.45	
Molybdenum		482.47
Haveg Industries		804.01
总计	326 686.45	7 759.01

通过这一段时间的操作我总计获利 318 927.44 美元。

在我反复几次买卖罗瑞拉德期间，同时也在不断寻找符合我的选股理论的新标的。另外促使我深入挖掘新标的的一个重要原因是，整个市场开始走强。当我认为这种强势日益明显时，迫切需要及早买入一只有潜力的股票以充分分享行情的好转。

其中有一家不知名的小公司引起了我的注意，公司名称为Universal Products。当时报价在 35 美元左右，股价在 35⅞ ～ 33½ 美元之间上下振荡。我发现它是一家电子公司，因此认为，从我的技术分析 - 基本面分析结合理论来分析，它是合格的。

1958 年 7 月，当我还在加尔各答的时候，我要求纽约的经纪人每天给我传来它的报价。我从这些报价中看到的信息很令人鼓舞。不过，最近在罗瑞拉德上遭受的损失提醒我，我可能连续出错好几次，因此需要谨慎行事。我想如果我真正少量持有这只股票，将更有利于判断它的走势，所以决定先试着买一些。我发出了下面这条买入电报：

"买入 300 股 Universal Products 价格不高于 35¼ 美元。"

第二天，当我收到回电称已经以 35¼ 美元的价格买入 300 股 Universal Products 后，又补发了一条电文：

"止损位设在 32½ 美元。"

现在只有坐下来等着观察公司的股价走势了。

这一时期我正好频繁地穿梭于印度各地，而记有 Universal Products 公司报价的电报也跟着我到处跑。在 1958 年 8 月的第 3 周，我在克什米尔的斯利那加，当我注意到这只股票开始稳步上涨时，我发了下面这条电文：

"以止损买单的形式买入 1 200 股 Universal Products，价格 $36\frac{1}{2}$ 美元，止损位 33 美元。"

当我返回到新德里的帝国饭店时收到了下面这封通知电报：

"已按止损买单的形式买入 1 200 股，价格 $36\frac{1}{2}$ 美元，U$36\frac{3}{4}$（$37\frac{7}{8}$—$35\frac{3}{8}$）。"

电文内容是说我已经以 $36\frac{1}{2}$ 美元的价格买入 1 200 股，这只股票当天收在 $36\frac{3}{4}$ 美元。虽然它的股价没有很坚决地上涨从而偏离我的买入价，但是当天却收在我的买入价之上。现在的问题是：我的股票会继续上涨，还是会返回到先前的箱体里呢？

我非常兴奋。尽管我已经通过止损命令的形式锁定了最终可能发生的损失，但是现在的问题是我的判断是对还是错呢？我都等不及第二天的电报了。我终于收到了第二天的电报，上面显示 Universal Products 当天收在 $38\frac{1}{8}$ 美元，当日波动范围是 $38\frac{3}{4}$ ～ $37\frac{1}{2}$ 美元。这表明我的判断是对的——至少暂时看来是对的。

在接下来的几天里，这只股票继续上涨，当我在卡拉奇时又以 40 美元的价格买了 1 500 股。此后不久，Universal Products 更名为 Universal Controls，并进行了拆细，每 1 股拆成 2 股。公司股价走势依然健康，但买了这 1 500 股后我认为这只股票买得已经足够多了，再买就看不过来了，所以决定不再补仓。

下面是我在这只股票上的具体仓位情况（表中及后文的价格都是均价）：

以 35 ¼ 美元的价格试探性买入 300 股		总计	10 644.93 美元
以 36 ½ 美元的价格买入 1 200 股		总计	44 083.56 美元
以 40 美元的价格买入 1 500 股		总计	60 585.00 美元
总计买入 3 000 股		总成本	115 313.49 美元

经过分拆后我的持股数上升到 6 000 股。现在当股价开始飙升时，我只需要坐下来继续持有就行。

在 12 月初，当我看到 Universal Controls 表现良好时，就向我的秘书推荐了这只股票。我告诉他在 31¾ 美元的时候买入。我说："如果它跌破 30 美元就认赔出局，否则就继续持有等待大涨。如果你在这只股票上赔了钱，那么损失算我的。"

碰巧他父亲是一位过时的纯粹的基本面分析者，当他听说我的建议后，告诉他儿子不要这么蠢。他的理由是：如果这只股票可能会下跌，那买它还有什么意义呢？他认为只能买那种肯定会涨的股票——就像每个人都能肯定一样。他还说需要看一下这家公司的财务状况是否良好。

我的秘书采纳了他父亲的建议。当这位老先生在仔细检查这家公司的财务状况时，他没有做任何投资，而是等着检查结果。当他全神贯注于这项工作时，公司股价已涨到 50 美元。

在持有 Universal Controls 的同时，我正在观察另一只股票，我对它的走势很感兴趣。它的股票名称为 Thiokol Chemical（是一家化学品公司）。

它首次引起我的注意是在 1958 年 2 月，当时我正在东京。它刚刚拆细过，每 1 股拆成 2 股，在股价平稳运行在 39/47 美元的箱体内之前，它是热炒的对象。它在这个箱体里安静地运行了好几个月。

我在定期翻看《巴伦周刊》时，发现公司股价走势就像夏天的池塘一样平静。但是我总觉得这种平静的背后预示着暴风雨的来临。

3 月我给纽约拍电报称：

"请传 Thiokol 的报价。"

此后报价每天都传来，但是除了在 4 月份的短暂几周内公司股价有些许躁动外，并没有发生其他值得关注的事。几周后，我从香港发出了下面这封电报：

"停传 Thiokol 的报价，若突破 45 美元，请再传。"

我认为，一旦它的股价达到箱体的上轨，才是需要重新关注它的时候。到 8 月的第 1 周，Thiokol 的报价开始重新出现

在我的电报里。在 45 美元上方，它的走势看上去是在为向上
跳跃活动肌肉。我决定试探性买入，电文如下：

"买入 Thiokol 200 股　价格 47¼ 美元。"

买单被执行，成交价正是 47¼ 美元，总成本是 9 535.26
美元。

之后，Thiokol 过了 3 周才找到真正的上升动力。到 8 月
末我认为买入机会已经来临，就给纽约发电，电文如下：

"买入 1 300 股 Thiokol，停损 49½。"

这笔买单于 1958 年 9 月 2 日成交，成交价为 49⅞ 美元，
总成本是 65 408.72 美元。

我拿着这 1 500 股看着股价迅速冲破 50 美元，在 52 ～ 56
美元之间整理。

一周后我收到通知，Thiokol 已决定发行认股权。这些认
股权是发给老股东的红利，比例是每 1 股股票将获得 1 份认股
权。反过来，每 12 份认股权可以购买 1 股 Thiokol 的股票，
认股价为 42 美元的特别价。既然公司股价在 50 美元以上，那
么这个认股价真的很便宜——如果你想行使认股权的话。如果
你不想行权，也可以在美国股票交易所将其抛出，这些认股权
可以在那儿限期挂牌交易。

不过，这些认股权还有另外一个重要特点，使它们显得更
有价值。根据股票交易所的规则，如果以认股权购买一家公司

的股票，投资人可以利用他们所谓的"特别认购账户"(special subscription account)。当投资人将认股权存入这个账户时，交易所允许经纪人借给投资人一笔资金，限额为投资人所持有的该只股票当前市值的 75%。另外，以认股权购买股票不收佣金。

看到这一点我激动不已。对我来说，这是凭借信用买入大量股票的绝好时机。我决定把手里所有的剩余资金都投进去。我迅速简单地估算了一下我的仓位情况，详细情况如下：

初始投资	36 000 美元
总计获利（扣除损失后）	319 000 美元
资金总计	355 000 美元
撤走现金	160 000 美元
可用资金	195 000 美元
现在持股情况	
Universal Products 3 000 股	总计：115 300 美元
Thiokol 1 500 股	总计：75 000 美元
	190 300 美元
按 70% 的保证金比例计算，实际需用现金	133 000 美元
未来投资可用现金	62 000 美元

但是现在出现一个奇怪的现象。当我想与纽约方面商谈贷款事宜时，发现尽管交易所规定允许贷款 75%，但各家经纪公司对于特别认购账户的最高贷款限额竟然还有差异。其中一家

经纪公司只愿按股票购买价格（即 42 美元的行权价）提供 75%
的贷款，而另一家经纪公司愿意按股票市价的全额提供 75%
的贷款。当时 Thiokol 的市价是 55 美元左右，显然后面这家
经纪公司提供的信贷条件更有吸引力。我打算通过这家公司做
贷款。

　　我以 $1\frac{5}{16}$ 美元的均价买了 36 000 份认股权，总成本是
49 410 美元。按照规定，这些认股权可以以 42 美元的价格认
购 3 000 股 Thiokol 的股票，总成本是 126 000 美元，但用认
购账户买实际只需补付 6 000 美元现金，其余的 120 000 美元
由我的一家经纪公司给我贷款垫付。

　　这种安排看上去太有利了，因此我决定继续充分利用这些
独特的信用条件。

　　我盘算着如果用特别认购账户认购，那么卖掉起先买进的
1 500 股 Thiokol 就能买回来 3 000 股，是原来的两倍。

　　于是我以 $53\frac{1}{2}$ 美元的均价卖掉了起先买进的那 1 500 股
Thiokol，收回投资 57 000 美元。我用这笔钱又买了 36 000
份认股权。就像前一次一样，我把这 36 000 股认股权转换成
了 3 000 股 Thiokol。

　　详细操作过程如下：

　　（a）卖出 1 500 股 Thiokol

　　（b）买进 36 000 份 Thiokol 的认股权，并将它们转换成

3 000 股 Thiokol

（c）买进 3 000 股 Thiokol

我买这 6 000 股 Thiokol 的总成本是 350 820 美元。

到 12 月的第 2 周，Thiokol 从美国股票交易所转到纽约股票交易所上市，并立即上涨了 8 美元，在随后的一周，公司股价涨到了创纪录的 100 美元。当它继续上涨时，我的经纪人一定感到很紧张，因为我收到了这样一封电报：

"你的 Thiokol 现在已获利 250 000 美元。"

当我坐在巴黎的乔治饭店时收到了这封电报。我突然意识到，这一段时间一直忙着关注股价，我几乎都忘了正在不断堆积的纸上利润。加上我从布鲁斯上获得的利润，现在我的获利已经超过 50 万美元了！我真的从来没有想到过会有这么多钱。它将使我成为一个生活富裕的人。

当我想到所有这些钱来得如此的突然、令人吃惊时，我全身上下每一个毛孔似乎都在说，"卖出，卖出"。这是世界上最大的诱惑。

我该怎么办？这只股票还会继续上涨吗？是否应该获利了结呢？也许它不会再继续上涨——可能会回调。这是一个可怕的困境，由于这次涉及的是一大笔资金，所以"什么时候卖"这个古老的难题被急剧放大。如果这次做对了，它将彻底改变我的人生。如果做错了，我将会为此抱憾终生。

　　我感到孤立无援。在这个地球上，没有人能告诉我遇到这种情况该怎么办。我决定出去走走，自己喝几杯，再想想这个问题。在我出去前，我坐在化妆台前在一张小卡片上写下："记住布鲁斯的经验！"我想这样可以时刻提醒我曾经的经历。

　　当我游荡在巴黎的大街上时，手里紧捏着口袋里的这张小卡片。每当我想给经纪人发电报，告诉他们卖出 Thiokol 时，我就拿出这张卡片看一眼，又犹豫起来。

　　最后，我决定不卖。这是我用全新的市场技术操作的最佳典范，但操作起来并不容易。当我回到饭店的时候已经精疲力竭。当时我看起来肯定更像是要自杀的人，而不是刚刚发了笔小财的人。

　　但事后证明我这么做是对的。Thiokol 继续上涨，通过在巴黎做出的决定，我才能继续持有这只股票并从中赚到更多的钱。

　　几周后，到 1959 年 1 月，我回到了纽约。当飞机降落到艾德威尔德机场（后更名为肯尼迪机场）时，我共持有 6 000 股 Thiokol 和 6 000 股 Universal Controls。这两只股票真的表现都很棒。Thiokol 稳稳地站上了 100 美元，Universal Controls 也涨到了 45 美元。

　　到纽约后我的第一件事就是去拜会我的经纪人，与他们讨论我在华尔街的交易。他们告诉我，根据他们的账本记载，我的投资已经给我带来了超过 50 万美元的利润。

我感受到了兴奋、自信和成功。随后我在广场饭店预订了一间房，决定在我滞留纽约期间，继续近距离地进行股票交易。

当时我根本不知道，这样做是为自己完全愚蠢的做法做准备。在随后短短几周内，我差点就让自己濒于毁灭。

第 9 章

第二次危机

获利 50 万美元的消息给我带来巨大的信心。我十分清楚这是怎样来的，同时我也深信自己还能再取得这样的业绩。我一点也不怀疑，我已经掌握了自己总结出来的那一套操作艺术。凭借电报上的报价，我已经培养了一种第六感觉。我能"感觉到"我的股票的走势。这与音乐家培养的乐感没什么两样。有了乐感，音乐家的耳朵就能分辨出常人根本听不出来的降音。

我几乎能说出股票未来的走势。如果一只股票在上涨 8 美元后又回调 4 美元，我并不认为这有什么奇怪的。我预计它的走势就是这样。如果一只股票开始坚定上涨，我往往能预测出它启动上扬的时点。这完全是凭着一种神秘的、无法解释的直觉，但是在我看来毫无疑问我拥有这种直觉。这让我感觉自己浑身都是力量。

因此，当我逐渐开始觉得自己就是金融领域的拿破仑时，这一点也不让人吃惊。我认为自己就要走在光辉的大道上了，没有意识到任何危险，也不知道有一个危险的巨人正躺在这条大道上等着我。毕竟，我沾沾自喜地琢磨着，有多少人能做到我这一步呢？

我决定正式开展工作。如果我能挣 50 万美元，那谁又能阻止我挣 2 个、3 个甚至 5 个 100 万美元呢？虽然最近保证金的比例提高到了 90%，但我相信凭借我从布鲁斯上挣得的 160 000 美元，完全可以开创出新的财富。我想在现场做真正的即日短线交易（即国内的 T + 0 交易，指当天买进当天卖出）——与这种交易相比，我以前的买卖操作看起来就像小儿科了。

真实的情况是，当我的钱包鼓起来后，我的思维能力反而退化了。我变得自信过头，这是所有泡在股市里的人都可能会有的最危险的状态。市场总会教训那些自认为能轻易把握它的人。不久后我便受到了这种教训。

> 我变得自信过头，这是所有泡在股市里的人都可能会有的最危险的状态。市场总会教训那些自认为能轻易把握它的人。

到纽约几天后，我决定与市场保持更为紧密的联系。凭借以前那种自认为没有根据的系统，我认为，如果挪到离市场更近的地方，就没有人能够阻止我每天炒股挣钱了。带着对未来成功的幻想，我选择了一家经纪公司位于上城区的办公室，作为我的操作地址。

第一次看到这间办公室的情景让我很着迷。行情室很大，在一台永不停动的小机器前放着几把椅子，这台小机器是一台股票报价机。屋子里的气氛让人很兴奋，充满了紧张感。屋子里的人就像蒙特卡罗（位于摩洛哥的赌城，世界闻名）那些忙于奉迎的人，显得紧张而兴奋。这里有一种行动、忙碌和嘈杂的氛围。报价机在报价，打字机在打字，电报机在发报，职员们忙进忙出。从每个方向我听到的都是："好年景对我来说并不好""我正想努力摆脱一条大蟒蛇""市场回调时机已经成熟"。

第一天，我一点也没有被这种紧张而兴奋的氛围所干扰。凭借以往的成功，我感觉自己超然于这些紧张的人的焦虑、希望和恐惧之外。但是这种状况并没有持续多久。当我开始在经纪人的行情室里进行 T ＋ 0 交易时，我逐渐抛弃了原来独立客观的原则，开始与他们为伍。我开始跟着打听各种互相矛盾的混杂着事实、观点和小道消息的信息，翻看市场评论。还回答这样的问题："你对市场怎么看？"或"你认为这个价格便宜吗？"所有这些对我产生了致命的影响。

做了几天交易后，我把在过去 6 年里学来的一切都抛诸脑后。我做了所有曾经训练自己不要做的事。我与经纪人交谈，听从谣言，从来没有离开过小道消息。

当时就好像"暴富"的恶魔已经牢牢控制了我。我彻底丧失了通过电报培养起来的对市场的清晰视角。逐渐地,我把自己引向一条开始失去已有技能的道路。

我的第六感觉首先抛弃了我。我没有任何"感觉"了。我所能看到的只是一大堆股票在蹿上蹿下,毫无规律和理由。然后我的独立客观的心态也没有了,我逐渐抛弃了原来那套操作原则,转而秉持了其他人的操作态度。我首先知道的是我在从众。我的理智抛弃了我,而感情彻底主导了我的操作。

不难理解,在这种情况下要坚持原来那套操作原则是多么困难,就好比说:在一个挤满人的剧院里有人喊"着火了",那么接下来会发生什么呢?人们会冲向出口,互相推搡。一个即将淹死的人必将奋力挣扎,牢牢抓住可能的救援者,也许把救援者也拖下去了。这时他们很不理智,心态也很糟糕,他们这么做完全是出自本能。

当我丢失自己的独立判断开始从众时,操作也逐渐从众起来。现在我不再是一只孤独的狼,相反变成了一只思维混乱的、兴奋的小羔羊,成天跟在其他人的屁股后面转,等着被狼抓住。当我身边所有的人都说"是"的时候,我很难说"不"。当他们恐慌时我也恐慌,当他们满怀希望时我也跟着乐观起来。

即便在我刚学炒股的那几年,也没有出现过这种情况。我丧失了所有技能和自我控制能力。我的所有操作都是错误的。

这段时间，我的操作纯粹就像是业余股民的操作。这些年我精心培育起来的谨慎操作的体系已经坍塌。每一次交易带来的都是灾难性的后果。我下达了几十个互相矛盾的买卖指令。我在 55 美元的时候买入股票，之后股价又回调到 51 美元，我还坚持拿着。止损？首先被我抛弃的就是止损。耐心？判断？我都已失去。箱体？我早已把它们忘在了脑后。

随着时间的推移，我的操作逐渐演变成下面这样的恶性循环：

> 我在高位买进
> 　刚买进
> 　　股价就开始下跌
> 　　我开始害怕
> 　　　于是在底部割肉抛出
> 　　　刚卖出
> 　　　　股价就开始上涨
> 　　　　我又开始贪心
> 　　　　　于是再次在高位买进

我感到极为沮丧。但我并没有责怪自己的愚蠢，而是为自己的错误找各种理由。我开始相信"他们"，"他们"比我卖的价高，"他们"比我买的价低。当然，我并不能对任何人说出

"他们"是谁——但这并不能阻止我相信"他们"。

与"他们"抗争——这些灰色的幽灵萦绕在我的脑后——使我的行为轻率鲁莽。我变得固执起来。即使我继续遭到股票的痛击，而且每次"他们"都是在我刚刚擦干血迹的时候，又返回来狠狠地揍我，但我还是不断地对自己说，我从股市里赚了 50 多万美元，因此我不可能挨揍。我的错误是多么严重啊！

这完全是一段灾难期。我在短短几周内就赔掉了 10 万美元。我在这一段时间的详细交易清单看上去就是一部狂乱的编年史。至今我仍难以相信这是我干的。现在我明白了，这是由于我的自我主义造成的，自我主义导致虚荣心，从而导致自信心过度膨胀，这又反过来带来灾难性的操作后果。不是市场在打我的巴掌，而是我自己不理智的本能和不受控制的情绪在打我的巴掌。

> 不是市场在打我的巴掌，而是我自己不理智的本能和不受控制的情绪在打我的巴掌。

我买进股票，几小时后又急急忙忙地卖出。我知道如果在同一天买进又卖出，那么可以按照低至 25% 的保证金比例进行操作。但我不但没有从中得利，反而每次都"成功地"赔进去几千美元。下面就是我这段时期的详细操作清单：

2 500 股 Haveg Industries

　买入价：70　美元 / 股（总计 176 150.00 美元）

　卖出价：65 ½ 美元 / 股（总计 157 891.34 美元）

　　　　　　　　　　　　　　损失：18 258.66 美元

1 000 股 Rome Cable

　买入价：37 美元 / 股（总计 37 375.00 美元）

　卖出价：31 美元 / 股（总计 30 724.48 美元）

　　　　　　　　　　　　　　损失：6 650.52 美元

1 000 股 General Time

　买入价：47 ¾ 美元 / 股（总计 48 178.80 美元）

　卖出价：44 ¾ 美元 / 股（总计 44 434.32 美元）

　　　　　　　　　　　　　　损失：3 744.48 美元

500 股 Addressograph-Multigraph

　买入价：124 ½ 美元 / 股（总计 62 507.25 美元）

　卖出价：116 ½ 美元 / 股（总计 58 053.90 美元）

　　　　　　　　　　　　　　损失：4 453.35 美元

1 000 股 Reichhold Chemicals

　买入价：63 ½ 美元 / 股（总计 63 953.50 美元）

　卖出价：61 ½ 美元 / 股（总计 61 158.37 美元）

　　　　　　　　　　　　　　损失：2 795.13 美元

2 000 股 Brunswick-Balke-Collender

买入价：55 ½ 美元 / 股（总计 111 891.00 美元）

卖出价：53 ½ 美元 / 股（总计 106 443.43 美元）

损失：5 447.54 美元

2 000 股 Raytheon

买入价：60 ½ 美元 / 股（总计 121 901.00 美元）

卖出价：57 ¾ 美元 / 股（总计 114 823.69 美元）

损失：7 077.31 美元

2 000 股 National Research

买入价：24 ½ 美元 / 股（总计 49 625.00 美元）

卖出价：22   美元 / 股（总计 43 501.52 美元）

损失：6 123.48 美元

4 000 股 American Metals-Climax

买入价：32 ⅞ 美元 / 股（总计 132 917.60 美元）

卖出价：31 ⅝ 美元 / 股（总计 125 430.47 美元）

损失：7 487.13 美元

3 000 股 American Motors

买入价：41 ¼ 美元 / 股（总计 124 938.90 美元）

卖出价：40   美元 / 股（总计 119 094.60 美元）

损失：5 844.30 美元

2 000 股 Molybdenum

　买入价：49 ½ 美元 / 股（总计 99 875.00 美元）

　卖出价：47 ½ 美元 / 股（总计 94 352.50 美元）

　　　　　　　　　　　　损失：5 522.50 美元

2 000 股 Sharon Steel

　买入价：48 ¼ 美元 / 股（总计 97 362.60 美元）

　卖出价：43 ¼ 美元 / 股（总计 85 877.27 美元）

　　　　　　　　　　　　损失：11 485.33 美元

1 000 股 Warner Lambert

　买入价：98 ½ 美元 / 股　（总计 98 988.50 美元）

　卖出价：95 ½ 美元 / 股　（总计 95 127.09 美元）

　　　　　　　　　　　　损失：3 861.41 美元

1 000 股 Lukens Steel

　买入价：88 美元 / 股（总计 88 478.00 美元）

　卖出价：81 美元 / 股（总计 80 640.48 美元）

　　　　　　　　　　　　损失：7 837.52 美元

　　　　　　　　　　总计损失：96 588.66 美元

　　看了这份令人痛心的操作明细后，如果我说只要一看到股票就哆嗦，你还会感到奇怪吗？

　　事实再清楚不过了，这段时间我之所以操作不好，是因为看得太多，想做的事情太多。也正是因为这一点，才陷入目前这种虽然能看到股市报价的数字却对它们没有任何反应的状态。不久后情况变得更糟糕。因为成天为没完没了的损失忧心忡忡，为混乱的消息担惊受怕，受谣言的困扰和折磨，以至于我都看不懂这些数字了。我的协调能力彻底崩溃，经常整天陷在眼前那一排排数字中，却并不理解其中含义，脑海里一片模糊。最后这种状态着实让我担心，感觉自己就像一个与世隔绝的醉鬼，而且不知道为什么会弄成这样。

在经历了灾难性的几周后，我冷静地坐下来，审查导致这种状况的原因。为什么我在香港、加尔各答、胡志明市和斯德哥尔摩那样离华尔街很遥远的地方，都能对股价有良好的感觉，而现在离华尔街只有半里地，却对股价没有感觉了呢？这两种情况有什么不同呢？

要搞清这个问题并不容易，我被它困扰了很长一段时间。然后有一天，当我坐在广场饭店不敢打电话时，突然间领悟到了些许。我想两者的区别在于，当我在国外时不去行情室，不跟任何人交流看法，接不到电话，也看不到股票报价机。

似乎有一个声音在我耳边悄声告诉我答案，但刚开始我没把它当回事。因为这个答案是如此令人吃惊、简单而且不同寻常，所以我很难相信这是真的。答案就是：我的耳朵是我的敌人。

我的耳朵是我的敌人。

就好像是灵光一现，我突然明白了问题的原因所在，那就是，当我在国外时，能够冷静、客观、不带主观理解、不受谣言影响、完全不带感情色彩和自我因素地评估市场或少数几只我感兴趣的股票。

我只根据每天收到的电报报价进行操作，这些电报就是我的判断依据，从中可以看出我的股票的走势。因为当时我听不到也看不到其他任何消息，所以不会受其他任何因素的干扰。

而我在纽约的时候情况却不一样，在这里，我能听到各种解释、谣言、恐慌和互相矛盾的信息。结果我的情绪与股票纠缠在一起——从而失去了原有的冷静分析。

我认为问题的解决方法只有一个，那就是我必须看清自己，必须立即离开华尔街，远离纽约，以免把钱赔光。

在这一时期只有一件事能把我从彻底的毁灭中拯救出来，那就是我先前买的两只股票 Universal Controls 和 Thiokol 表现一直不错，我都把它俩忘了。现在我才明白，我之所以一直没有卖掉它们，是因为太忙了，以致都没有心思来看这两只股票。当时我正忙于交易其他赔钱的股票。

我审查了一下目前的状况，除了保留下这两只股票外，把其余的股票全部抛掉了，然后搭飞机飞往了巴黎。不过，在动身前，我做出了一项重大决定。我告诉我的经纪人，永远不许他们给我打电话或给我发送任何种类的预测信息。像以往那样的每天的电报报价，是我唯一需要的与经纪人和华尔街的联系。

我茫然地徘徊在巴黎的街道上，脑海里仍然萦绕着模糊的、毫无意义的股市报价栏的报价。我每天都会收到电报——但我对它们没有一点感觉。我已经彻底丧失了我的感觉，就好像一个人经历了一起可怕的意外事故后，自认为再也恢复不好一样。我对自己彻底失去了信心。

正当我认为这种状况会永无止境时，却发生了一件事。那是我在巴黎待了约两周后，有一天我在乔治饭店拿起每天收到的电报，沮丧地扫视着电报上的内容时，不知怎么电报上的数字似乎没那么模糊了。起先我还不相信。我感觉自己死死地盯着这些数字，就像以前从来没有见过一样。因为我担心自己看到的只是幻象。

我焦急地等待着第二天的电报。当我收到它时，毫无疑问：电报上的数字变得日益清晰、熟悉起来。就好像褪去了一层薄雾，我的眼前又一次出现图像，它们向我描绘了这只股票未来的走势。

在随后的日子里，我的电报变得越来越清晰；我开始像以前一样看报价。我又能从中看出某些股票走势更强，另外一些股票走势更弱了。同时我对股票的"感觉"也回来了。逐渐地，就像一个病人一样开始恢复了自信，我重新获得足够的勇气来接近市场。

　　但是我已经吸取了以往的教训。我决定把下面这一条定为永久的原则，即永远不再去经纪人的办公室。而且必须禁止我的经纪人给我打电话。我只能看用电报传来的股票报价——其他任何东西都不许接触。

　　即便我返回纽约的宾馆，也必须坚持自己的原则，我那些带来灾难性损失的交易，正是在离华尔街很近的地方完成的，所以我必须与华尔街保持距离。每天我的经纪人必须向我发电报，就像我远在香港、卡拉奇和斯德哥尔摩一样。

　　另外，除了我要求的股票报价外，我的经纪人永远不许向我发送其他任何股票的报价。他们不许向我推荐任何新股票，因为我会立即把这种股票归为谣传一类。我将通过翻看每周的财经周刊亲自挑选新股票，就像以前经常做的一样。当我看到一只感兴趣的股票，并且这只股票看上去就要上涨时，我会要求经纪人把它的报价发送过来。我每次只会增加一只新股票。然后，我会像以前那样，在决定是否值得投资前，仔细研究这只股票。

　　就好像刚刚从一次空难中生还，并且知道他必须马上再次起飞，否则就会发疯的人一样，我知道，只有一种办法能保证这项措施万无一失。我订了一张返回纽约的机票。

第 10 章

200 万美元

1959 年 2 月的第 3 周，当我返回纽约时，已彻底从那种疯狂的状态中恢复过来，开始重新在股市投资。

虽然我还能感受到由于自己的愚蠢所造成的伤害，但就像一个经历了挫折的人一样，我感觉更好，也更有信心了，因为我已经从过去的教训中吸取了经验。现在我已经知道，必须严格遵守我为自己设计的那一套操作制度。我知道，一旦偏离这一套制度就会有麻烦。我的整个财务状况就会立即陷入危险境地——它会像一座纸房子一样脆弱。

我到纽约后做的第一件事就是，在我周围建起一道钢铁围墙，以确保自己不再犯以前那样的错误。

首先，我决定把我的交易分散在 6 个经纪商处进行，这样就不会有人跟踪我的操作策略。为了确保我不受到经纪商们的任何可能的干扰，我给自己建了一层保护墙，直到现在我还在用这个方法进行自我保护。

具体实施方法如下。我让经纪商们在华尔街收市后再给我发电报，这样就能在下午 6：00 的时候收到电报，正好是我起床的时间，因为多年在夜总会演出，我一直是白天睡觉晚上工作。同时，我告诉接线员，白天不许把任何电话接进来。

通过如此安排，不管华尔街发生了什么，我都安稳地躺在床上。当他们在工作的时候我在睡觉，他们联系不到我，也不会打扰我。一旦出现某些不可预见的情形，经纪商们会根据我的授权和我下达的止损命令，自动帮我采取措施。

下午 7：00，我开始研究每天的电报，并确定将要进行的操作。在研究之前，我会买一份刊登有华尔街收盘价的晚报，把当天的报价从上面撕下来，把其他财经文章丢到一边。我不想看任何财经报道或财经评论，不管作者的消息有多灵通，因为这些文章可能把我引入歧途。

然后，当整个华尔街入睡时，我拿着电报和从报纸上撕下来的当天收盘价开始工作。

在我修复受伤的自信心期间，没有卖出的那两只股票一直在上涨。Universal Controls 几乎是顺着趋势线稳步上扬，一直涨到 60 美元左右，与我最后一次到纽约时相比，涨幅超过40%。Thiokol 的表现同样出色，现在它已突破了 110 美元。

　　这真的很令人鼓舞。我认为无论如何也没有理由卖掉这两只股票。带着痛苦的经历和新建的牢固的保护墙，我开始抱着谨慎的自信心态重新进入股市。下面这些是我之后一段时间的部分成功之作：

---

1 000 股 General Tire & Rubber

　　买入价：56　美元 / 股（总计 56 446.00 美元）

　　卖出价：69 ½ 美元 / 股（总计 69 151.01 美元）

　　　　　　　　　　　　　　　　收益：12 705.01 美元

1 000 股 Cenco Instruments

　　买入价：19 ½ 美元 / 股　（总计 19 775.00 美元）

　　卖出价：23 ½ 美元 / 股　（总计 23 247.63 美元）

　　　　　　　　　　　　　　　　收益：3 472.63 美元

500 股 American Photocopy

　　买入价：71 ½ 美元 / 股（总计 35 980.75 美元）

　　卖出价：79 ½ 美元 / 股（总计 39 570.92 美元）

　　　　　　　　　　　　　　　　收益：3 590.17 美元

1 000 股 Union Oil Of Calif

　　买入价：46 美元 / 股（总计 46 420.00 美元）

　　卖出价：50 美元 / 股（总计 49 669.00 美元）

　　　　　　　　　　　　　　　　收益：3 249.00 美元

500 股 Polaroid

买入价：121 美元 / 股（总计 60 755.50 美元）

卖出价：127 美元 / 股（总计 63 299.08 美元）

收益：2 543.58 美元

500 股 Brunswick-Balke-Collender

买入价：71 ¼ 美元 / 股（总计 35 855.65 美元）

卖出价：77　美元 / 股（总计 38 322.08 美元）

收益：2 466.43 美元

500 股 Bell & Howell

买入价：93　美元 / 股（总计 46 741.50 美元）

卖出价：99 ¼ 美元 / 股（总计 49 436.81 美元）

收益：2 695.31 美元

　　并不是我的所有操作都成功，也有一部分股票买进后并没有按照我的预期运行，这就是股市。下面列出的是一些亏损的交易：

1 000 股 Cenco Instruments

买入价：23 美元 / 股（总计 23 300.00 美元）

卖出价：22 美元 / 股（总计 21 755.76 美元）

损失：1 544.24 美元

---

500 股 Reichhold Chemicals

买入价：65　美元 / 股（总计 32 727.50 美元）

卖出价：63 ¾ 美元 / 股（总计 31 703.17 美元）

损失：1 024.33 美元

1 000 股 Fansteel

买入价：63 ½ 美元 / 股（总计 63 953.50 美元）

卖出价：62　美元 / 股（总计 61 657.96 美元）

损失：2 295.54 美元

500 股 Philadelphia & Redaing

买入价：131　美元 / 股（总计 65 760.50 美元）

卖出价：129 ¾ 美元 / 股（总计 64 672.79 美元）

损失：1 087.71 美元

　　这两张表完全证实了我的方法是可行的。从这两张表中可以看到，与所投入的资金量相比，每次我都成功地保证收益率超过损失率。请记住，所有这些交易完全是通过从纽约到纽约的电报来完成的。我从来没有跟我的经纪商见过面或者说过话，哪怕是一次都没有。许多次开市交易期间，当我的某些股票开始巨幅波动，并像一只垂死的鸟一样往下落时，经纪商们肯定曾迫不及待地想拿起电话通知我。他们肯定认为我是世界上头号傻瓜，竟然不让他们这么做。但是我的原则是严格的。我每

天都只在下午 6：00 收到电报时听消息，不管是好消息还是坏消息。然后开始采取行动。

当我在纽约采取这种方式操作期间，Universal Controls 开始出现走势转弱的迹象。它逐渐不再能保持原来稳步上升的前进步伐，走势活跃起来，价格上涨变得猛烈，而且是过于猛烈。

这种走势表明公司股价遇到了麻烦，而且麻烦肯定会来。这只股票在 3 月的第 1 周开始上涨，在随后的 3 周内从当初的 66 美元涨到了 102 美元。此时公司的股价走势开始转向并掉头向下。我很不喜欢这种下跌走势。它跌起来就像泄气的气袋一样，而且看不到任何上涨的迹象。毫无疑问，这只股票的美好日子已经结束。如果我不仔细一点，可能就会被困在一段急剧下跌的走势中，因此我把止损位提到当日收盘价之下 2 美元处。第二天早上我就把 Universal Controls 卖掉了，价格在 $86\frac{1}{4}$ ～ $89\frac{3}{4}$ 美元之间。虽然这个价格比高点低了 12 美元，但我还是很满意。因为前期涨幅已经很大，抛出后的总收入是 524 669.97 美元，总收益是 409 356.48 美元，所以我没有理由不高兴。

现在投资的资金量已经很大。我仔细分析了目前的市场情况，试图像往常一样找出一只交易活跃的高价股。但这时产生了另一个问题，这加大了找到一只合适股票的难度，那就是我的资金量大了以后就要十分小心，以免自己的买入行为影响股价走势。

经过一番找寻后，我把目光聚集在一只名为德州仪器（Texas Instruments）的股票上，它完全满足所有这些苛刻的条件。

我在 4 月的第 2 周买入首批 2 000 股，均价为 94⅜ 美元，后来又买了第二批 1 500 股，价格为 97⅞ 美元。因为公司股价继续保持良好走势，所以我又补了 2 000 股，这一次均价为 101⅞ 美元。这三笔交易花费了一大笔资金，实际上超过了 50 万美元。我购买德州仪器的详细情况如下：

以 94⅜ 美元的价格买入 2 000 股	总计：189 718.80 美元
以 97⅞ 美元的价格买入 1 500 股	总计：147 544.35 美元
以 101⅞ 美元的价格买入 2 000 股	总计：204 733.80 美元
共买入 5 500 股	总成本：541 996.95 美元

因为我把卖掉 Universal Controls 的钱全部投入了德州仪器公司，所以再一次关注起 Thiokol 来。

我和 Thiokol 现在是久经考验的老朋友了，我们像过去的好伙伴一样建立起了一种特殊的友谊。我给予 Thiokol 的止损条件总是比其他股票宽松得多，其中部分原因在于，我真的对这只股票很有"感觉"，另外也是因为，我充分利用了特别认购账户提供的便利。

如果我放弃这种独特的信贷计划，那简直太愚蠢了，所以当公司股价上涨时，我总是把止损位设在离新高较远的地方。我绝对不会在其他股票上这么做，但就 Thiokol 而言，这么做曾两次使我免于提前售出。其中第二次是在 4 月的第 1 周当它进行了一次大回调的时候，这次回调发生在公司宣布每 1 股拆成 3 股的政策后。这次回调是如此严重，以致我都认为我们该分手了，但我还是决定由我设定的止损位来最后拍板。

结果公司股价并没有触及我的止损位，而且这一轮下跌之后迅速出现了一轮强劲的上升。不过，我并不是偏爱 Thiokol 的唯一投资者，分拆后的股票受到公众的热烈追捧，使公司股价在 5 月的第 1 周就被抬到了 72 美元。

公众的反应太好了，结果导致了下面这样令人吃惊的情形：

这一周它的成交量达到令人难以置信的 549 400 股。

这一周它的股价上涨了 13¼ 美元。

这一成交量表明总成交金额达 4 000 万美元。

这一周的成交量的市值增加了 700 万美元（增加值＝周成交量 × 周涨幅）。

似乎纽约交易所的所有交易员这一周都在买卖 Thiokol，没有干别的。

当然，这种状况不会持续。纽约交易所的管理层决定暂停所有止损单，这样使绝大多数交易员抛弃了这只股票，因为他们不能买卖一只无法进行自我保护的股票。同时这也意味着我也自动地卖出了这只股票，因为他们把我最有力的工具剥夺了，所以我也不能再玩这只股票了。

我以 68 美元的均价抛掉了所持有的 Thiokol，这是股票拆细后的价格，如果复权的话，我最初买进的 6 000 股每股售价要超过 200 美元。我当时的进货成本是 350 820 美元，分拆成 18 000 股后的总收入是 1 212 851.52 美元，利润是 862 031.52 美元。

但要把这 100 万美元再投入股市也是个大问题。我不得不加倍小心。这笔资金太大，不容易转投到另一只股票，因为这么大一笔买盘很容易对市场产生影响。

我还要面对另一个事实，即我的止损位可能不再实用，因为没有一个交易商或股票专营商能在几秒钟内吸纳这么大一笔卖盘。

现在唯一能做的就是：我决定把我的资金分成两部分来操作。一旦下定了决心，选择就变得简单。我只要从下面 4 只股票中挑出 2 只即可：Zenith Radio、Litton Industries、Fairchild Camera 和 Beckman Instruments。

这 4 只股票我已经观察了很长时间。单从我的技术分析－基本面分析相结合的理论来讲，它们都很合适。现在需要做的就是，继续观察以确定从中选择哪两只。只有一个办法能做出选择，那就是依据它们的市场走势的强弱度来进行取舍。

采用我曾成功地运用于 Universal Controls 和 Thiokol 的技巧，我在 1959 年 5 月 13 日试探性地将 4 只股票各买了 500 股，具体情况如下：

500 股 Zenith Radio	价格 104 美元	总计：52 247 美元
500 股 Beckman Instruments	价格 66 美元	总计：33 228 美元
500 股 Fairchild Camera	价格 128 美元	总计：64 259 美元
500 股 Litton Industries	价格 112 美元	总计：56 251 美元

我给每只股票都设了一个止损命令，止损价分别比各自买入价低 10%。

我很清楚这些止损命令设得并不确切，而且太机械。但这个办法虽然笨，却也不失为一个谨慎的办法。我是有意在利用止损机制，因为我知道，这 4 只股票中早晚会有一部分因走势太弱而被止损出局。

我是有意在利用止损机制，因为我知道，这 4 只股票中早晚会有一部分因走势太弱而被止损出局。

5 月 18 日我把 Beckman Instruments 止损卖出，价格是 60 美元，5 月 19 日我决定卖出 Litton Industries，因为它的

走势弱于其他两只股票，卖出价是 106¼ 美元。现在我调整了剩下两只股票的止损命令。

5 月的第 4 周，我开始将 100 多万资金转投到剩下的两只走势更强的股票，详细情况如下：

Zenith Radio

以 104	美元的价格买入	500 股	总计：	52 247.00 美元
以 99 ¾	美元的价格买入	1 500 股	总计：	150 359.70 美元
以 104	美元的价格买入	1 000 股	总计：	104 494.00 美元
以 105 ¼	美元的价格买入	1 000 股	总计：	105 745.30 美元
以 107 ½	美元的价格买入	1 500 股	总计：	<u>161 996.25 美元</u>
		共买入 5 500 股	总成本：	574 842.25 美元

Fairchild Camera

以 128	美元的价格买入	500 股	总计：	64 259.00 美元
以 123 ¼	美元的价格买入	1 000 股	总计：	123 763.30 美元
以 125	美元的价格买入	1 000 股	总计：	125 515.00 美元
以 126 ¼	美元的价格买入	1 000 股	总计：	126 766.30 美元
以 127	美元的价格买入	1 000 股	总计：	<u>127 517.00 美元</u>
		共买入 4 500 股	总成本：	567 820.60 美元

若不考虑其他短线操作，那么我的资金的转移情况大致如下：

1959 年 3 ~ 4 月

    卖出   Universal Controls   收入：   524 670 美元

    买入   德州仪器   支出：   541 997 美元

1959 年 5 月

    卖出   Thiokol Chemical   收入： 1 212 850 美元

    买入   Zenith Radio   支出：   574 842 美元

    买入   Fairchild Camera   支出：   567 821 美元

                                    总收入： 1 737 520 美元

                                    减去负债：   274 600 美元

                                    净收入： 1 462 920 美元

                            加上以前操作的剩余现金：   70 000 美元

                                    可投资资金： 1 532 920 美元

            实际投资用去资金（以 90% 的保证金比例）： 1 684 660 美元

当时我在 6 家经纪公司开有账户。我关闭了其中的三家。然后坐下来观察我所持有的 3 只股票。当德州仪器、Zenith Radio 和 Fairchild Camera 在为我工作时，我就没什么可做的了。

6 月的电报继续穿梭于华尔街和广场饭店之间。对西联公司（Western Union）的报务员来说这些电报毫无意义，但它们对我很有意义。例如，7 月 19 日我收到下面这封电报：

"Z $122\frac{1}{2}$ （124—$116\frac{3}{4}$） T $119\frac{1}{4}$ （$121\frac{1}{2}$—$117\frac{1}{4}$） F 125 （126—$121\frac{1}{4}$）"

第二天收到的电报内容如下：

"Z 132⅜（132½—125）　T 123¾（123⅞—120⅜）F 130（130—126½）"

对于报务员来说，这只不过是一些乏味的、毫无意义的象形符号，但对我来说意义却很大。这两封电报表明，我所持有的股票一天之内市值增加了 10 万美元。

这逐渐演变成一种奇怪的生活。我每天晚上坐在广场饭店的房间里看电报，整理电报，没有其他事情可做。我感到高兴、轻松和无力，就像一位科学家经过多年的研究和工作，终于成功地将火箭发射向月球。当他看着火箭越升越高时，有一种巨大的成就感，同时也有一种奇怪的放松感，动都不想动了。

当我的股票就像设计好的火箭一样继续稳步攀升时，我就像这位科学家一样，现在只是站在一旁警惕地观察。

之后在 8 月初的一天，有人邀请我去蒙特卡罗的"运动俱乐部"演出。我很高兴地接受了邀请。在经历了过去那些令人头痛的问题和恐慌之后，现在我对静静地坐下来开始感到有一点点厌倦了。

在安排离开纽约之前，我让我的经纪人来见我。我与他们仔细核对了我的账户情况，结果发现如果在飞往欧洲之前抛出股票，那么我的资金量就会超过 225 万美元。

看到这个消息我的感觉是什么呢？高兴？因为现在我的资

产是 100 万美元的两倍多而兴奋？不完全是。我很高兴，但并
不兴奋。当我从大来公司上挣得第一个 10 万美元时，比现在
更兴奋。这一次我感觉就像一个长跑运动员，经过艰苦的训练
和许多次挫折后，现在终于接近了胜利。

　　同时我还面临着以前也曾面临过的困境：我要卖掉股票
吗？我要全部卖出吗？

　　这一次答案很简单，那就
是屡试不爽而且值得信任的方
法：我没有任何理由去卖掉一
只正在上涨的股票。我只要继
续分享上涨的趋势，同时根据上涨的股价不断抬高止损位即可。
当趋势在上升时，我会买进更多。如果趋势反转呢？我将像受
到惊扰的窃贼一样迅速逃离。

> 屡试不爽而且值得信任
> 的方法：我没有任何理由去
> 卖掉一只正在上涨的股票。

　　我给所有的股票重新设定了止损命令，这样如果在我去欧
洲的路上股价出现下跌，那么经纪人也会自动帮我卖出，我的
200 万美元将保持不动。

　　当我走到第五大街打车离开经纪公司时，感到很满意而且
很安全。

　　我走进广场饭店的大厅，习惯性地买了一份晚报，把有
华尔街收盘价的那部分撕下来，剩下的全部扔掉，拿着下午
6：00 送到的电报，走进了电梯。

在房间里我打开电报，铺开报纸，坐下来幸福地吁了一口气，不仅是因为我挣了 200 万美元，而且因为我正在做我最喜欢做的事。

当华尔街在睡觉的时候我正在工作。

接受《时代》杂志的采访

我接受《时代》杂志的采访是在 1959 年 5 月，这时我炒股已有 6 年半，当时正是史密斯兄弟提出用在加拿大上市的布里伦德矿业公司的股票作为我的演出报酬，使我很偶然地接触并进入了股市，这才有了后面的故事。现在我又像当初一样出现在纽约的"拉丁区"，似乎正好走了一个轮回。

不知怎么，我在股市的交易已经成为华尔街的谈资。我成功的消息被泄露出去了，而且逐渐流传开来。

让我吃惊的是，有一天我接到《时代》杂志财经栏目打来的电话。他们说他们听说了一些我在股市成功的故事，问我愿不愿意接受栏目记者的采访。

第二天财经栏目的记者就来了，我把所有的操作资料都拿给了他，包括我的账户记录、交易清单和电报。他仔细检查了这些资料，走的时候说他被我的投资故事深深打动了。

第三天他又来了，跟我说栏目的财经专家十分怀疑我的故事的真实性，他们认为这不可能是真的。

我对此一点也不感到吃惊，又带着他仔细核对了一遍资料。他又研究了好几个小时，最后走时似乎已经相信这些资料都是准确的。

但事后我发现，这件事才刚刚开始。第四天早上他又打来电话问我，是否可以与他见一面一起吃顿午餐。离午饭时间还有半个小时的时候，他再一次打来电话说，要带一位高级编辑一同前往，这位编辑想亲自核实我的投资故事。

他们是在 1∶00 的时候过来吃午饭的。吃饭期间我又把所有的财务资料展示了一遍。这位高级编辑对这些资料太感兴趣了，根本就没顾上吃饭，以致他的午饭放在桌上原封未动。

一直到 4∶00，他听完了整个经过后才吃了一块三明治。5∶00 他与那位记者一起离开，没有做任何评论，但我的投资故事显然已经打动了他，因为我从来没有看到一个人对一件事这么有兴趣。

那天晚上 6∶00 杂志社又打来一个电话。这次是《时代》杂志的一位华尔街专家打来的。他说只有等杂志社的三位负责人一起见到我，并检查证实所有资料后，责任编辑才会同意刊发有关我的采访报道。让我非常吃惊的是，他还坚持要看我跳舞。

看来这位责任编辑不仅怀疑我在股市上所取得的成功，显然还认为我也不会跳舞！

7：00的时候，这位专家来了。刚开始，他对我说的一切以及我提供的有关股市操作的所有证据，都是满腹狐疑地摇头，似乎想怀疑一切。

当我和朱莉娅站在舞台上时，他好像被我们俩的舞蹈打动了，至少我的舞蹈水平还是不错的！连续三天以来我都在接受他们这种烦琐的检查，已经开始有点心烦，再加上当时感觉自己也不是处在最佳状态，所以在表演快要结束完成上举动作时，由于用力过猛使右胳膊肌肉严重拉伤，最后勉强完成了这个动作。

我只好强忍着胳膊的疼痛坐下来，继续陪着这位华尔街专家进行细致的财务检查。

检查过程没完没了，一直持续了好几个小时。检查期间他总是在反反复复地问一个问题：我为什么要自愿谈论我的股票交易？

我说那是因为我为自己取得的成绩感到自豪，而且我认为自己没有什么要隐瞒的。

时间已到后半夜，但在整个检查期间我的审讯人滴酒未沾。他坦承这样做是为了保持头脑清醒，以便检查出我的操作体系和操作记录中存在的错误。

直到第二天凌晨2：00，他放下了手中的圆珠笔。"来，我们喝一杯。"他说。他最后的怀疑也已消除。他信服了。他举起玻璃杯，为我在股市取得的成功干杯。

他是在凌晨4：00的时候离开的，走之前问我有什么投资建议。我给他提了一个。我推荐他买一只股票，但只有在股价涨到 $39\frac{3}{4}$ 美元的时候才能买，而且要把止损位设在 $38\frac{1}{2}$ 美元。我希望他没有忽视这些补充条件而在低位买入，因为这只股票后来一直没有达到 $39\frac{3}{4}$ 美元，它突然跌到了22美元！

接下来的一周，有关我的采访报道发表在《时代》杂志上，当然在读者中产生了巨大的影响，特别是在金融圈的读者中。报道的结果是，绝大多数（当然不可能是全部）金融专家都承认，我是一位取得巨大成功的、非正统的股市投资者。于是，后来就有了这本书。

这次接受采访的另一个后果是，我的肌肉伤得很严重。医生说以后我可能不能再做这个上举动作了。他怀疑我还能不能把我的舞伴再举起来。

但是两周后，我又像往常一样在舞台上做着这个上举动作。之后我也一直在做，这件事表明，专业医生有时可能也会像华尔街的专家一样判断出错。

附　　录

下面展示的是由美国研究咨询顾问公司(American Research Council) 提供的一些经过特别处理的个股周线图和周成交量，这些个股是尼古拉斯·达瓦斯纯挣 200 万美元的主要股票。因为达瓦斯是在约 18 个月的时间内取得这一成绩的，所以我们在股价走势图中展示了从 1957 ～ 1959 年整整 3 年的股价走势情况，以便读者对每只股票在达瓦斯买入之前、卖出之后和持有期间的走势有一个完整的了解。

另外，每张图都附了说明，以揭示达瓦斯选择每只股票的理由、他买入的时机，以及根据他的技术分析 - 基本面分析相结合的理论，运用跟踪止损保护措施的具体情况，本书前文已对这一理论有过详细解释。

这些图是按照标的股票在本书中出现的先后顺序编排的，

以方便读者追踪达瓦斯先后交易的情况。

罗瑞拉德

当达瓦斯在图 1 中 A 点注意到这只股票的成交量突然放大，并开始像一盏信号灯一样，在一堆不断下挫的股票中崭露头角后，他要求经纪人提供这只股票每天的报价。

他在 B 点以 27½ 美元的价格买入了首批 200 股罗瑞拉德，止损位设在 26 美元，离买入价很近。几天后，这只股票突然下跌到 C 点触及 26 美元的止损位，他止损出局。

随后股价立即反弹，这使达瓦斯确信，他刚开始的判断是正确的，于是又在 D 点以 28¾ 美元的价格买回 200 股。

当股价"箱体"一个一个往上堆时，达瓦斯在 E 点分别以 35 美元和 36½ 美元的价格追加买进了 400 股。随后该股迅速上涨，并创出 44⅛ 美元的新高。

2 月 18 日该股突然下挫到 36¾ 美元的低点，惊慌之下达瓦斯把止损位提高到 36 美元。随后股价没有触及这一止损位，并且立即重拾升势，于是他又在 F 点以 38⅝ 美元的价格买进了最后 400 股。

当罗瑞拉德的股价和成交量继续轰轰烈烈地上涨时，达瓦斯非常想把股票卖出以实现这一笔短线利润。但是他坚守了自己操作理论中的一条基本原则——"没有理由卖掉一只正在上

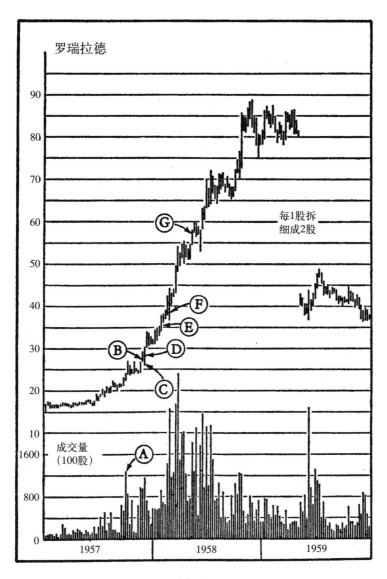

图　1

涨的股票"——同时随着股价上涨不断抬高止损位，始终保持止损位和股价有一个安全距离。

如果排除他把止损位设得太近，以致当这只股票的股价在6月份突然下跌到 53⅜ 美元时不得不卖掉的情况，那么达瓦斯可以轻松地继续坐享罗瑞拉德的股价上涨，一直拿到年末的 80 美元的高点。

但是，到5月份的时候他对另一只股票的走势特别感兴趣，他想把所能筹措到的全部资金都投入这只股票。因此他在5月份的时候在图中的 G 点以 57⅜ 美元的价格卖掉了所持有的 1 000 股罗瑞拉德，获利达 21 000 美元，十分丰厚。现在他准备投资布鲁斯公司。

大来

虽然这只股票在 1957 年上半年股价就呈上升趋势，但当时并没有同时出现成交量的放大。直到图 2 中 A 点，当公司宣布每 1 股拆细成 2 股后成交量才突然急剧放大，这时达瓦斯对大来公司非常感兴趣。他发现这家公司是一个新兴行业的领先者，盈利能力呈明确的上升趋势。

达瓦斯对公司"基本面"的这一情况很满意，他在 B 点以 24½ 美元的价格买了 500 股。随着这只股票继续上涨，几天后他又在图中 C 点以 26⅛ 美元的价格买了 500 股。当公司股价

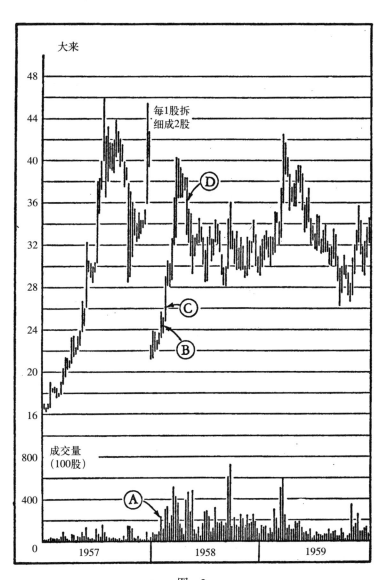

图 2

"箱体"逐渐形成金字塔形上升趋势，同时成交量急剧放大时，他心满意足地关注着这只股票。随着股价上涨，他也在不断地抬高止损位——先是提到 27 美元，后来又提到了 31 美元。

当股价创出 40½ 美元的新高后，达瓦斯突然感觉该股已经"失去了上涨的意愿。看上去最后一个金字塔徘徊在反转的边缘，很像是准备快速下挫的样子"。由于担心股价出现大幅下挫，达瓦斯把止损位调高到了 36⅜ 美元。

到 4 月的第 4 周，"我确信的利空消息终于发生"。大来公司的股价掉头向下猛挫，达瓦斯在 D 点将其卖出，获利超过 10 000 美元。

他纯粹是根据大来公司股价走势的技术特征做出的卖出决定，当时根本就不知道公司股价下挫的原因在于美国运通公司准备进入信用卡行业，从而与大来公司形成直接竞争。由于这次操作的时机把握得很成功，因此他彻底相信他的操作理论中技术分析的正确性。

布鲁斯

当达瓦斯把全部资金都投入罗瑞拉德和大来时，他在图 3 中的 A 点突然注意到，"一只名为布鲁斯的公司股票价格出现快速大幅上涨，这家公司是孟菲斯的一家小公司"。虽然这只股票不符合他的基本面要求，但"它的技术形态是如此有吸引力，以致我无法不关注它"。

在经过一段显著上涨，从 18 美元涨到 50 美元以后，公司股价回调到了 43½ 美元，但是在达瓦斯老道的眼光看来，这"只是一次短暂的停顿，一次加油"。尽管没有基本面的理由，他还是决定，如果这只股票的股价突破 50 美元，就尽其所能地买入。由于完全确信"上涨的节奏摆在那儿"，所以达瓦斯卖掉了罗瑞拉德，以便把所有能筹措到的资金都立即投入布鲁斯。

在 3 周的时间里，到 3 月末，他先后买进了 2 500 股布鲁斯，平均价格相当于 B 点。

正如图 3 所显示的一样，事后证明他的买入时机把握得十分完美。布鲁斯"开始向上攀升，就像被一块磁铁吸引一样……其涨势蔚为壮观"。等涨到 77 美元的时候，"即便我身在遥远的印度也能明显地感到，美国股票交易所一定发生了什么令人吃惊的事"。

事情确实令人吃惊。一些根据"价值"理念操作的卖空者正在绝望地对冲仓位。交易所暂停了这只股票的交易，但是场外交易市场给出的布鲁斯的报价达到了 100 美元。这时达瓦斯做出了"一生中最重大的一次决策"。他拒绝以 100 美元的价格卖出这只"正在上涨的股票"。几周后，他以 171 美元的均价卖出了布鲁斯，获利达 295 000 美元。

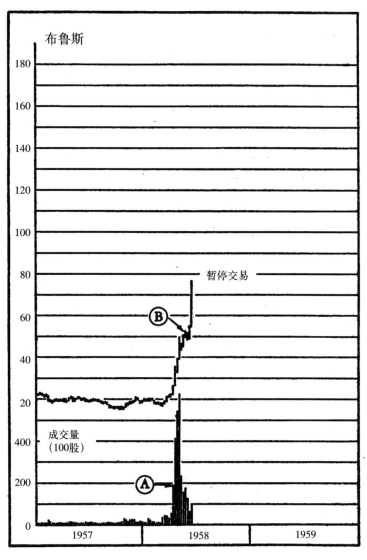

图　3

Universal Controls

1958 年 7 月，"一家鲜为人知的名叫 Universal Products
的公司"引起了达瓦斯的关注，这只股票在图 4 中 A 点的成交
量突然急剧放大，之后股价也出现了上涨，从 30 美元涨到了
32 ～ 36 美元的区间。

达瓦斯在 8 月初试探性地买进了 500 股，价格为 35¼ 美
元，相当于 B 点。两周后，当这只股票开始"稳步上扬"时，
他又以 36½ 美元的价格买了 1 200 股，相当于 C 点。公司股价
继续上涨，几天后他又在 D 点以 40 美元的价格买了 1 500 股。

之后不久，公司名称变更为 Universal Controls，同时每
1 股拆细成 2 股，因此他的持股数增加到 6 000 股。

1959 年 1 月达瓦斯回到纽约，并进行了一系列几乎让他毁
灭的操作。幸好在此期间 Universal Controls 表现不错，没有
让他操一点心。

但是到 3 月，Universal Controls 似乎出了什么事，"股价
走势表明公司遇到了麻烦，而且麻烦肯定会来"。经过 3 周的
狂飙后，公司股价从 66 美元涨到了 102 美元，"此时公司的股
价走势开始转向并掉头向下。我很不喜欢这种下跌走势。它跌
起来就像泄气的气袋一样，而且看不到任何上涨的迹象"。

面对这种情况，达瓦斯采取了他在大来公司遇到类似情况

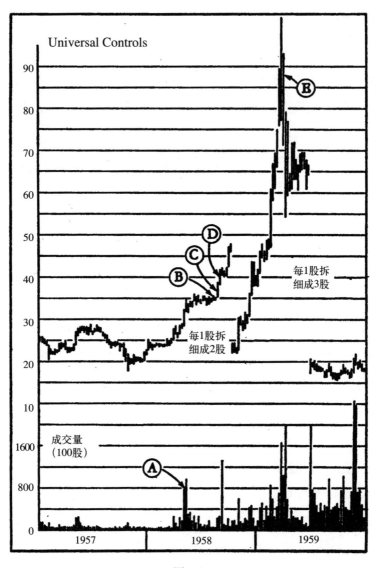

图　4

时采取的处理措施。他把止损位提高到最近一天的收盘价下面一点点，并在 E 点卖出。他卖出的价格在 $86\frac{1}{4}$ ～ $89\frac{3}{4}$ 美元之间，虽然比最高价低了 12 美元，但是他"还是很满意。因为前期涨幅已经很大……共获利 409 356.48 美元，所以我没有理由不高兴"。

Thiokol Chemical

1958 年年初在东京时达瓦斯注意到，这只股票在每 1 股拆细成 2 股后成交量突然放大，相当于图 5 中 A 点的位置。之后几个月这只股票的走势都很平静，但是对达瓦斯来说，这种"平静"感觉就像"暴风雨之前的平静"。

不久后达瓦斯就开始收到 Thiokol 每天的报价，"它似乎正在为从 45 美元上跃活动肌肉"，达瓦斯在 B 点以 $47\frac{1}{4}$ 美元的价格试探性地买了 200 股。4 周后，这只股票持续向 50 美元推进，在 C 点，当达瓦斯感觉它准备向上突破时，又以 $49\frac{7}{8}$ 美元的价格买了 1 300 股。

之后 Thiokol 马上发行了认股权。正如前文中已详细阐述的一样，经过一系列令人鼓舞的交易，达瓦斯最大限度地利用了行权时的巨大信用。通过购买 72 000 份认股权（是用卖掉刚开始买的 1 500 股的资金买的，卖出价为 $53\frac{1}{2}$ 美元），他以 42 美元 / 股的认购价获得了 6 000 股 Thiokol（当时这只股票

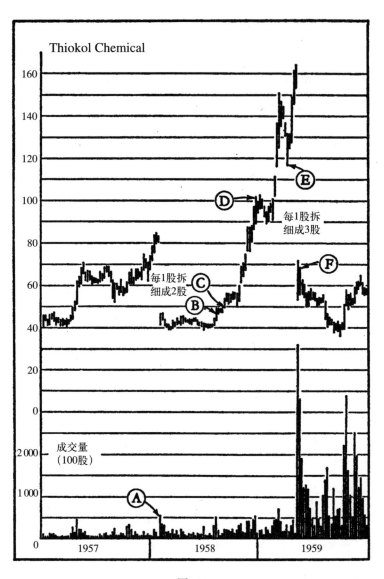

图　5

的市场价是 55 美元)。在这次交易中，他总计支出的现金只有
111 000 美元，却购得了价值 350 000 美元的股票。

3 个月后，在 D 点，他的经纪人发电报通知他，Thiokol
已获利 250 000 美元。当他漫步在巴黎的街道上，备受诱惑煎
熬时，"我全身上下每一个毛孔似乎都在说，'卖出，卖出'"。
但是他抵挡住了诱惑没有卖出，而是一直拿着这只股票。

当然，达瓦斯一刻也没有忘记让止损位跟随股价上抬，但
是对于 Thiokol，他允许把止损位设得离股价远一点，以免因
为短期回调而止损出局，就像 E 点所出现的情形一样。随后公
司股价重拾升势，5 月初公司宣布每 1 股拆细成 3 股后股价仍
然继续上涨，一直涨到 72 美元的高点，由于公司股票交投过于
热络，纽约股票交易所决定暂停这只股票的所有自动停损买单
和止损卖单。对于达瓦斯来说，这意味着"他们剥夺了我最有
力的工具，没有它我无法工作"。

他在 F 点以 68 美元的价格卖掉了拆细后的 18 000 股，总
计获利 862 000 美元。他在巴黎做出的重大决定，"没有理由
卖掉一只正在上涨的股票"，得到了回报。

德州仪器

达瓦斯卖掉 Universal Controls 后，"仔细观察市场……
想找一只交易活跃的高价股"，作为 50 多万美元的投资标的。

因为现在可投资的资金量太大，他还要考虑到自己的买入行为可能会对市场产生影响。

德州仪器除了在 1958 年年末出现过一些稍微不规则的走势外，一年来一直都在稳步上涨，到 10 月份，也就是图 6 中的 A 点，它开始加速上涨，同时伴有成交量显著放大。

达瓦斯在 B 点，也就是 4 月的第 2 周以 94⅜ 美元的均价买入 2 000 股。第 3 周，"因为这只股票继续保持良好走势"，他又在 C 点以 97⅞ 美元的价格买了 1 500 股。几天内，他又以 101⅞ 美元的均价买进了最后一批 2 000 股。

到 7 月 6 日，德州仪器收在 149½ 美元，相当于 E 点，就在此时，达瓦斯准备启程前往蒙特卡罗，前文第 10 章结尾处对此已有描述，于是他把止损位调整到这一收盘价下，以便保护他那超过 225 万美元的市值。

Fairchild Camera

卖掉 Thiokol 后，达瓦斯的可投资资本已超过 100 万美元。因为他决定把资金分成两部分投入两只股票，所以他把投资标的缩小到 4 只股票，他已观察这 4 只股票很长一段时间了，它们的走势"都符合我的技术分析 – 基本面分析相结合理论的要求"。

在这 4 只股票中有一只名为 Fairchild Camera 的股票买

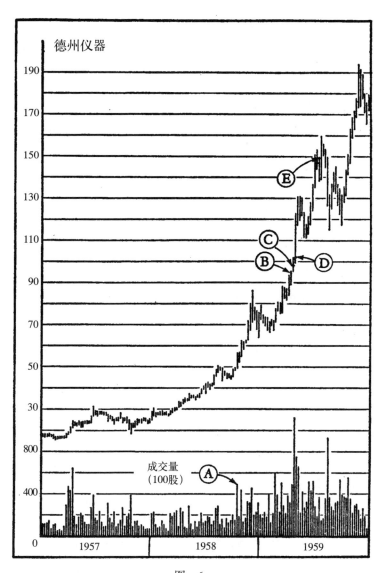

图 6

入后表现强于大势，通过了测试。

　　Fairchild 的股价在 1957 年全年和 1958 年的大部分时间里表现都很稳定，其中只出现过两次成交量急剧放大的情况。但是到 1958 年年末，在图 7 中 A 点，公司股价出现持续快速上涨，同时又出现了急剧放量，正是在此时达瓦斯开始对这只股票感兴趣。

　　在 B 点，当这只股票已经建立起 110/140 美元的箱体时，他试探性地买了 500 股。因为人为设定的 10% 的止损位离箱体底轨太近，所以他把止损保护价往下移了一点，当 2 周后股价跌到 110¼ 美元的低点时，他没有受到影响。相反，当这只股票几乎立即重新确立升势时，他又在 C 点买了 4 000 股，价格在 123¼ ～ 127 美元之间。

　　有了这 4 500 股 Fairchild Camera，再加上 Zenith Radio 和德州仪器，达瓦斯现在的情况是"当我的股票就像设计好的导弹一样继续稳步攀升时，我现在只需站在一旁警惕地观察"。在本书结束时，Fairchild 收在 185 美元，相当于 D 点。

Zenith Radio

　　这是达瓦斯把从 Thiokol 上赚得的资金转投的第 2 只股票，这只股票投资前的走势与 Fairchild 大不相同。1958 年 9 月末 Zenith 的成交量达到高峰，股价也出现了爆炸式上涨，当

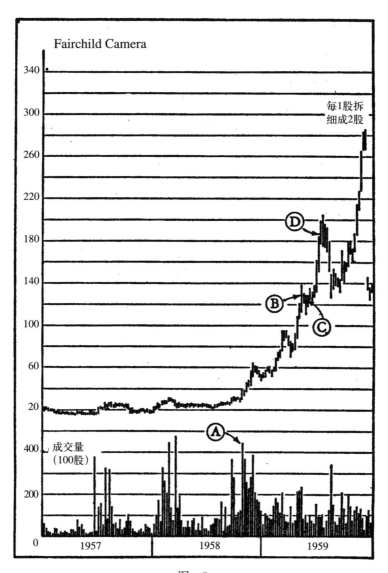

图　7

时它已经是一只价格波动剧烈的股票。

达瓦斯在图 8 中 A 点试探性地买了一点，价格是 104 美元，当时这只股票刚刚宣布每 1 股拆细成 3 股，同时还"准备增发"。正如在操作 Fairchild 时一样，他把人为设定的 10% 的止损位往下移了一点，原先设定 10% 的止损位是为了剔除他感兴趣的 4 只股票中走势最弱的股票。如果他保留 10% 的止损原则，那么接下来的一周当 Zenith 跌到 93 美元时，他可能就得卖出。不过，当随后公司股价立即反身向上时，他按原计划又买进了 5 000 股，价格在 99¾ ~ 107½ 美元之间，相当于 B 点。

Zenith 之后走势良好，但值得注意的是它的升势远不如拆细前壮观，达瓦斯的买入均价是 104 美元，到 7 月 6 日本书结束时（相当于 C 点）这只股票的收盘价是 124 美元，尽管涨得"不多"，但对达瓦斯而言这可是 10 多万美元的利润。

事后，有人向达瓦斯指出，他买 Zenith 买得太晚了，有点不合时宜。他也认同了这一说法，并说："事后看它似乎已进入上涨末期——当时我觉得它是新一轮上涨的开始。毕竟，我只期望有一半操作是对的就可以了。"

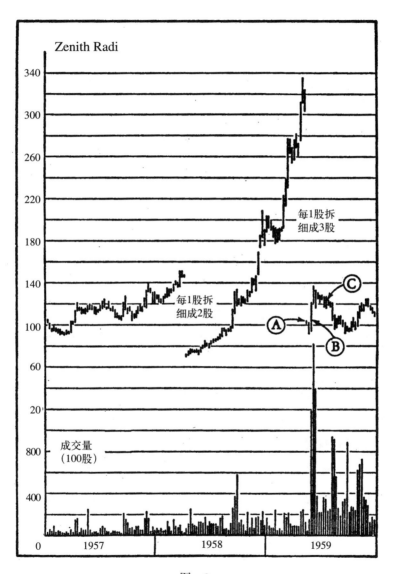

图　8

读 者 问 答

问：我是一个寡妇，带着两个孩子，能用来投资的资金只有约 2 000 美元，与我对股市的浓厚兴趣相比这笔钱太少了。您能跟我一直保持联系，并不时地把你所认为的"热门股"告诉我吗？

答：像你这种情况根本就不存在什么"热门股"。原因在于：引发一只股票突然喷发的因素有很多。因此你提的问题应该换一种说法，即"一只股票能'热'多久？"但没有人能回答这个问题。

我之所以认为向别人提供股票消息是不公平的，这正是主要原因之一。如果推荐股票的人是一位技术分析师，那么他随时可以根据盘面走势抛出自己所持筹码，但可能并没有时间或者说可能不愿意花时间来通知接受他建议的人。因此，我建议你不要向别人打听消息，也不要听从别人的消息。

问：我是哈佛大学的一名新生，没有拿到奖学金，这正是我遇到的绝大多数问题的根源。我估摸着依靠自己的储蓄、父母的储蓄以及今年兼职打工挣的钱能勉强完成今年的学业。但是，如果明年哈佛再不给我奖学金，我就得转学到收费便宜一点的马萨诸塞大学。我很讨厌出现这种情况，既然不愿意离开哈佛，我就要想尽一切办法筹钱以免不得不转学。

我真正想做的是用投资股市挣得的钱来支付 4 年的学费。我知道这可能是一件很冒险的事情，不过我还是想试一试。大约在一年前我开始对股市感兴趣，偶然间我看到了您写的这本书。这本书对我的吸引力远高于我看到的其他股市方面的书，这些书中一再强调"成长"股和蓝筹股，并宣称投机是一个肮脏的字眼。相对于"每年获得6%的稳定收益"而言，我对收益更高的投资方式兴趣更大，我认为您的投资方法正是获取更高收益的明智之举。

现在我遇到的唯一困难是没有可以用来投资的本钱。我正在密切关注的股票有约 15 ～ 20 只，每当我看着它们向上暴涨而自己却没能从中赚到一分钱时，常常倍感伤心。因此我向您提议：

如果您有暂时不需要用的现金储备（1 000 美元、5 000 美元、10 000 美元或者随便多少，只要你愿意都可以），我想跟您"借"一点。我在"借"字上打引号是因为坦白地讲，如果投资赔了我可能无法还给您。不过，我将尽我所能地避免赔钱，等到我把最初您借给我的本钱全部还清以后，会把盈利的一部分分给您（比如说 10%）。

答：离开哈佛到马萨诸塞大学对你来说一定是个打击。不过，你必须向我提出更好的提议才行。

问：几年前，我看到您的著作，并且对这本书很感兴趣。

作为一名投机者，我做得相当好，但我用的都是基本面分析法。现在读了您的书以后，我想知道您是否还在用技术分析－基本面分析相结合的方法。能请您回答我提出的下面两个问题吗？

A. 您还在用您的技术分析－基本面分析相结合的方法吗？

B. 您认为利用周线图服务对投资有帮助吗？

答：A. 虽然我已经知道其他方法比如说基本面分析方法也可行，但我还在用技术分析－基本面分析相结合的方法。不过，即使对公司的优势有彻底的了解，我也会经常密切关注股票的市场走势。

在大多数情况下，有一条基本的原则很适用，那就是：渐进的盈利增长迟早会体现为股价的上涨。然而，有时股市会迎合当前的风尚而忽略所有其他方面情况。

B. 虽然可以说我的脑子就是绘图器，但我并未采用周线图服务。从实用的角度来看，我认为周线图很有帮助。

问：您研究上升趋势时用曼菲尔德双周图（Manfield Bi-weekly Chart）吗？趋势线在确定您的箱体上下轨时有用吗？或者说，您是否只能将它们与那些已经创出历史新高的股票联系起来呢？

还有，当您用历史高点作为买点时，您是否确实遵守创历史新高原则，或者说您是否可以安全地买入一只虽然创了新高但期限较短，比如说只创了 5 年新高但成交量也稳步放大的股票呢？

答：我没有用过曼菲尔德双周图，也没有因此而认为市场趋势线总是与个股的箱体有直接关系。

我严格遵守创历史新高的原则。

股票指南在了解一只股票的大体情况时——包括它的股本、平均成交量、分红和历史上的高低点等——很有用。

问：您说，不管每天的收盘价如何，只要当日盘中最高价实际上已经连续 3 天突破股价箱体上轨（在本例中为 41 美元），哪怕只突破了一点点就可以设置买单。

我决定一旦判断出阿兰百货店（Arlan's Department Stores）的股价箱体就买进。下面是这只股票自 6 月 15 日以来的价格：

15 日	$41\frac{1}{2} \sim 42\frac{3}{8}$
16 日	$43 \sim 43\frac{7}{8}$
17 日	$44\frac{1}{8} \sim 45$
18 日	$43\frac{1}{2} \sim 44\frac{3}{8}$
19 日	$44\frac{1}{4} \sim 45$
22 日	$44\frac{3}{4} \sim 46\frac{1}{2}$
23 日	$46 \sim 48\frac{1}{2}$

到 6 月 19 日，我判断 45 美元将成为箱体的上轨，因为连续 3 天都未能突破这一价位。我把箱体的下轨定在 $43\frac{1}{2}$ 美元。

到 6 月 19 日，我认为由箱体的上轨 45 美元判断买点在 $45\frac{1}{8}$

美元，止损位应设在 44⅞ 美元，但是根据我从您书中了解到的情况，好像价格必须连续 3 天突破箱体上轨才能设置买单。

当我写这一段时，阿兰公司的股价已经连续两天突破了箱体上轨，达到了 48⅛ 美元，看起来它好像不会再回到 45⅛ 美元了，而这正是我认为的买点。

我不需要您来判断这个选择是否明智，我知道投资成功更多的在于股票选择，而不是纯粹机械式地评价股价走势图。但是我还是想知道，您认为我把这只股票的股价箱体定在 43～45 美元范围的依据是否充分？还有，当我决定只有等到股价连续 3 天突破箱体上轨才设置买单时，我这样理解是否正确？我之所以会对此感到困惑，是因为在您的书中，您说您会在箱体上面一点点设置买单，但没有提到股价突破箱体上轨多久后才设置买单。

答：你的理解是错误的。买单应该这样设置，即当股价突破箱体上轨（哪怕是一点点）时。连续 3 天突破箱体上轨的原则并不适用于所有情况，它只适用于确定箱体的上轨和下轨。你对阿兰百货公司的投资决定是根据错误的理解做出的。

让我把规则解释得更清楚一些。举例来说，假设一只股票正在突破前一个箱体，并开始上涨，那么新箱体的上轨是它随后上涨期间达到的最高价，而且应该保证连续 3 天未能达到或突破这一价格。

再回到你所说的阿兰百货公司，根据你在信中列出的数字，这只股票还没有达到它的箱体上轨。

同样重要的是：只有当前一箱体上轨已经牢固确立时，新箱体的下轨才能确立。确立新箱体下轨的方法与确立上轨的方法正好相反。

在你提到的案例中，你的买点是错误的，而且按照我对股票走势的理解，这个买点十分危险。你把买点设在箱体的中间，很有可能两边挨打。

问：您的箱体理论及其所有辅助方法对我很合适。看到这一方法奏效我事后进行了分析，认为它百分之百有道理。

但是，近来我想起这套方法还有一个好处。您在书中从来没有提起过，因此我断定您从来没有这么用过。在我看来，如果您利用了这一好处，您炒股挣的钱可能就是现在的两倍。

详情如下：

不管什么时候，一旦您给某只股票设定了自动止损位，那么就会出现自动突破，因为您的股票跌破了您的箱体……如果在您设定的卖出点同时设一个停损买单，来卖空与您卖出股票同样数量的股票，岂不是您这一方法的有益组成部分？您需要采取的保护措施只是再设一个止损单，这样您就能从股票上涨和下跌两个过程中获利。如果市场确实是个熊市，那么您的获利可能翻倍。

不知您对此有何评论，我对您的评论很感兴趣。一旦我听到您的意见，我将设计一个公式来寻找——实际是预测——股票在当前市场中的顶和底。我不是要预测什么时候是底或顶，但是结合您的理论，效果太好了！运用这一方法，我已连续两年提前预测出顶部和底部，误差很少超过 15 美分。

答：你的态度与其说是只关心赚钱的人的态度，倒不如说是赌徒的心理。根据我的经验，你越少为了寻找复杂的赌博机会和短期利益频繁进出，则赚钱的可能性越大。

我还从经验中总结出一条，即除非你的股票还维持在其箱体里或是在上涨，否则最好远离熊市。

虽然我要祝贺你"预测"成功，但是我只相信分析，不相信预测。

问：您能向我推荐一只真正的龙头股而不是短线冲劲足的短跑冠军吗？您能告诉我根据什么原则来卖出这些龙头股吗？

我将十分感激您愿意提出的任何建议和帮助。

答：任何向你推荐"龙头股"的人都是在猜测。一只股票只有当它表现为龙头股时才是一只"真正的龙头股"。

问：我自认为已经理解了您的箱体理论，事实上在过去两个半月里，通过跟踪那些已创出年内新高的股票，我已经能够领会您的系统。不过，我还是对您允许设定的很窄的止损空间十分不解。事实上，这样做给我造成了一些损失。

　　根据我的图表和研究，我注意到，现在所有符合您的要求的股票，其高低点波动范围都要比您允许的止损空间宽得多，我倾向于认为，您只对那些将要突破前期高点且在创出新高前不停顿地上涨的股票感兴趣，我这样认为对吗？

　　如果是这样，则在我买到正确的股票之前必须承受小额的损失（包括佣金和约 1/2 美元的止损空间）。我的经纪人告诉我这种情况更像是牛皮市（sideways market）。这就是您所提到的不太适合于您的系统的情形吗？

　　答：你在来信中的第 3 段已经回答了自己的问题。我只对那些突破前期高点的股票感兴趣。整套方法是建立在大幅、快速上涨的基础上的，自然，90% 或更多的上市公司都达不到这一要求。

　　至于牛皮市，一些大幅上涨的股票就是在牛皮市里出现的。而且，在牛皮市里更容易发现大幅上涨的股票。

　　问：真正困扰我的问题是，您怎么能看得过来整个市场呢？您保存了所有日常的分析报告和电报吗？在您最终决定买入某只股票前是否做过什么图表，如果有是哪一种呢？能给我发一篇样品图吗？

　　答：关注市场并不困难。只要翻阅每天的股市行情表就行。

　　就我个人而言，我的脑子就是绘图器，我是根据感觉做决策，而不是根据冰冷的技术数据做决策。

　　问：还有一个问题。我用的是史蒂芬图（Stephens Chart）

上的历史高点。在确定历史高点时要考虑以前的拆细吗，也就是说对于拆细的股票是否应该看复权价？因为一只股票股价没有翻倍，并不意味着拆细前持有股票的人拥有的市值没有翻倍。他们持有的股票数量可能已经是原来的两三倍了，因此对他们来说，市值实际上已经翻倍甚至更多，他们可能是股东中的大多数。

答：所有图表都考虑了股票拆细，当你看调整后的价格时，已经反映了股票的历史情况，并且价格也已经过换算。

实际上，对于人们决定购买、持有或出售一只股票来说，它拆细了多少次并不重要。

问：有件事想请教您，您认为什么样的成交量才算稳定适中？有一个最低指导数吗？必须等到一只股票连续 3 天突破箱体上轨才能买入吗？如果是这样，那您如何充分有效地利用停损买单呢？您的止损位应该设在买入价以下什么地方呢？

答：对于什么样的成交量才算稳定适中，并没有明确的说法。这完全取决于这只股票以往的成交情况。

1）例如，如果一只股票长期以来每天的成交量都在 4 000～5 000 股之间，然后它的成交量突然膨胀到每天 20 000～25 000 股之间，那么对于这只股票来说，这个成交量就是稳定适中的，它清楚地表明，这只股票的股价走势已发生改变。

2）买入一只股票从来不需要等到它连续 3 天突破前箱体上轨。我总是在突破的时候就买入。

3）我把止损位设在股票刚刚突破过去的那个箱体的上轨下面一点点。我命令我的经纪人，一旦买进股票就要立即设置止损卖单。

问：我对短线操作很感兴趣，就像你一样。目前像 SCM、Sperry Rand、General Instruments、Hecla 以及其他一些电子行业的股票表现都很好。我是一个纯粹的新手，不过，我真的不知道，凭我现在少得可怜的这点知识应不应在股市中赌。

答：对于你的情况，我会采纳你的建议。我很少看到有哪位新手能掌握你所谓的短线操作的艺术。

问：我对您书中有一点颇感不解，那就是您说箱体像金字塔一样堆积起来。我使劲努力也没能理解您的意思。您能说明一下或者最好是举个例子吗？能举例说明是最好不过了，因为老话说得好："图画一张，言语一筐。"

答：我所谓的箱体像金字塔一样堆积起来的说法自然是描述性的。它是指一只正在上涨的股票的连续交易范围（我称它们为箱体）。具体形式如下图所示：

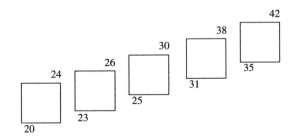

问：我对您书中下面两点还不太理解，您能解释一下吗？

1）关于止损卖单，一旦股票已经突破箱体上轨，并正在向一个新箱体挺进，您会继续抬高止损卖单的价格，还是会让止损位继续维持在较低的水平上，比如说维持在您最初买的时候设定的止损位水平上？

2）您认为参与市场博弈至少要承受得起 5 000 美元的损失，这一点让我很受打击，因为我们现在能输得起的钱只有约 1 000 美元。这只能做大量的零碎交易（还要支付额外的佣金），针对这种情况，您是否会建议我等到能输得起 5 000 美元的时候再玩儿呢？

答：1）对待止损卖单的正确态度是：当一只股票向上突破到一个新箱体时，在它确立新箱体的上轨和下轨之前我会把止损位保持在原有水平。当新箱体的下轨已牢固确立时，我就把止损位提高到新箱体下轨以下一点点。

2）如果我只能赔得起 1 000 美元，那么我根本就不会操作。

问：我有两个问题想请教您，希望您能抽空回答：

1）如果一个箱体的范围是 36½ ～ 41 美元，那么下一个箱体的下轨是否就是 41 美元呢？

2）您能就如何将箱体理论运用于商品价格走势图给我提供些建议吗？随信寄上 11 月的大豆商品价格图，希望您能有时间给我定出其价格箱体，时间从 12 月 27 日开始。

答： 1）首先，我从来都不能肯定价格将进入新箱体。不过，如果一只股票确实向上突破了，我会等到新箱体确立以后，也只有到这个时候，我才能确定新箱体的下轨在何处。这一点没有人能提前预知。

2）我从来没有交易过商品。

问： 您现在会持有美国钢铁公司还是会卖掉它呢？以我的年纪承受不起损失，除非确有必要，否则不可能等着很久以后钢铁行业的复苏。我问我的经纪人美国钢铁公司的股价能走多高，他可能是以经纪人应有的诚实说，他估计能到75美元。这个价位虽然谈不上轰轰烈烈的涨幅，但对我来说也将获得一笔不小的资本收益。我知道许多财经观察家持熊市观点，但是市场却在持续上涨，未来的主趋势看起来也是牛市。

答： 如果是我就不会买美国钢铁公司。因为我只相信成长股，而美国钢铁公司并不是成长股，钢铁行业也不是成长性行业。

问： 我被你的系统深深地吸引住了。不过，我还有一个问题想请教您。您在书中说，只有当股价向上小幅突破3次以后买单才有效。我对此的理解是，您会在股价第2次向上突破时设置您的"停损买单"，这样第3次突破就能使买单生效。我这样理解对吗？如果不对，请进一步说明。

答： 我在突破前设置停损买单，买入价格就设在箱体新高之上一点点。也就是说当我认为股价要突破而实际上并没有突破的时候，就设置停损买单，买入价格就设在我认为将要突破的价位之上一点点，一旦股价真的突破买单就生效。

买单将会自动执行，一旦买单执行后，止损卖单就设在前期高点之下一点点。

设置买单前不需要有 3 次突破。

问：在您最近一本书中的第 149 页，您选择的都是全年高点至少是低点价格 2 倍以上的股票。您认为剩下的股票都是"糟粕"而被忽略。但是，在书中的第 183 页，您在 51¼ 美元处选中了 Control Data 公司，而这只股票全年的低点是 36 美元。您还在 62½ 美元处买过这只股票，这两次的买入价都不到其全年低点 36 美元的 2 倍。请您解释一下。

一只正在上涨的股票，往往会出现跌回前期的低价"箱体"需要获利了结的情况。面对这种情况，您会先卖出，然后如果这只股票再次突破这一低价"箱体"的上轨，就再买回来吗？要不然，您怎能把获利了结与最后一轮上涨区分开来呢？

答：报纸上的全年高点和低点是截止到 3 月 31 日的，是指的前一年和最近一年的高低点。你看的可能是 4 月 1 日以后的股市行情表。稳步上涨的股票经常要在股价跌回到新箱体的下半部分时，而不是跌回到前一低价箱体时获利了结。

不过，如果出现你所说的情况，我的态度是以止损卖单的形式卖出，等它再创新高时再买回来。

问：虽然我还没有机会尝试箱体理论，但箱体形成的想法看起来不错。

无论是以上轨价还是以下轨价设置止损卖单都不是什么新招数，但是我感兴趣的是将止损价设在离一只股票当前市价这么近的地方。

如果把止损位设在当前市价之下 1/2 美元或 1 美元处根本就起不到保护的作用，因为一旦这样设置，这种止损卖单十有八九会被执行平仓。

答：在随机检测中，考虑执行止损卖单自然是太危险而且没什么用。不过，在我所说的那种情形下，我也说明了从来没有把止损卖单设在某个箱体里。我总是把止损卖单设在下面两个位置之一：

1）当股价出现重大向上突破时，在突破后立即设置止损卖单（在这种情况下，止损卖单的价格就设在突破点下面一点点）。

2）将止损卖单设在某个箱体的下轨之下一点点，当股票向下跌破箱体下轨时，止损卖单就会生效。

问：我试着用您的方法把好股票从一堆糟粕中筛选出来，但却碰到了一点小问题。您在书中描述了给定股票的上下波动范围，并说明了怎样确定那些股票的高低点。但是，您在例子中用的是整数，而股票报价很少是整数。因为虽然有些股票的报价是与小数略有不同的整数，但所有的上下波动范围都是以小数的形式出现的，所以我无法判断是否要采用最低级别的小数报价。我对此十分困惑。不管您是否能为我厘清这个问题，我都很高兴能收到您的回信。

我还想知道您是怎样从美国股票交易所选择个股的，因为我在底特律看到的报纸上，没有注明在美国股票交易所挂牌交易的股票年内的最高价或最低价，报纸上只有在纽约股票交易所挂牌交易的股票年内的最高价和最低价。

答：我在书中用整数是为了解释我的箱体理论。因为整数更便于理解。当然，股票并不是运行在整数范围内。

有些报纸不登在美国股票交易所挂牌交易的股票年内的最高价或最低价。不过，《华尔街日报》或纽约的《时代》杂志上，总是登有在美国股票交易所挂牌交易的股票年内的最高价或最低价。

问：我研究过您的投资技巧，研究后发现无法将它用于操作在约翰内斯堡股票交易所挂牌上市的股票，主要是因为这儿无法得到足够的统计数据，特别是重要的每只个股的成交量数据。

答：根据我的经验，只有在纽约股票交易所和美国股票交易所交易的股票，才能满足我的操作方法所必需的原则。换成其他交易所，哪怕是在伦敦交易所交易的股票，都不能满足这些条件。

如果不能拥有以下信息，我认为可能无法运用我的操作方法：

1）股价历史高点。

2）过去两三年的股价高低点。

3）至少过去 4～6 个月期间，每周的价格波动范围和成交量。

问：我不明白您怎么能在 15 分钟内看完纽约股票交易所和美国股票交易所的统计行情表。即便是美国股票交易所的股票行情表在《巴伦周刊》上也长达 5 页之多。

答：我是通过下面的方法在 15 分钟内看完纽约股票交易所和美国股票交易所的统计行情表的。我只看下面这些数据：

1）由道·琼斯工业指数表示的市场整体走势（或是以纽约股票交易所指数和标准普尔 500 股票指数表示的市场整体走势）。

2）在我感兴趣的三四个行业中，每个行业挑出七八只股票，看看这些行业的走势与整体走势相比情况如何。

3）我所持有的或是我感兴趣的那些股票的股价波动情况。

4）大概看一眼股票行情页，看看有没有价格和成交量异常变动的股票，以寻找备选股。

对于没有经验的人来说，这种价格和成交量的异常变动并不明显，但对那些日复一日地关注同一股票行情表的人来说，异常的变化是十分明显的。

问：1）我去过纽约股票交易所的场内交易大厅，在我的印象里，如果您将止损位设在买入价之下 1/4 美元处，那么即便不会被散户买走，也极有可能被场内交易员或股票专营商买走。（新规则可能对此有所帮助。）

2）箱体的上轨是在连续 3 次试图突破正在创出的高点而失败之后确立的呢，还是在 3 次中包括创出高点那一次呢？换言之，您认为高点是在第一次试图突破的第一天创出的吗？

3）在确定箱体的下轨时，需要 3 次试图跌破某一低点而未成功呢，还是 3 次中包括当天创出的低点在内呢？

4）能在箱体确立上轨的同时确立下轨吗？

还是说只有在箱体上轨牢固确立之后才能确立箱体的下轨呢？

5）新箱体的下轨必须是旧箱体的上轨吗？

6）您是建议 (a) 在您买入后箱体的上轨被突破时就上移止损位，或是 (b) 直到下一个箱体的上下轨都牢固确立之后才上移止损位，或是 (c) 直到第二个价格更高的箱体牢固确立之后才上移止损位呢？

7）如果某只股票的历史高点就在某个箱体的高点之上一点点，那么您会把停损买单挂在历史高点之上 1/8 美元处，同时把止损卖单挂在箱体上轨之下 1/8 美元处吗？

8）如果就在 4 月份，您会拿去年的高低点来比较判断某只股票的股价是否已翻倍，还是只会用今年的高低点来判断呢？

答：1）如果把止损位设在买入价之下 1/4 美元处，那么很快就会被买走。我从不把止损位（无论是止损还是止盈）设在一个箱体里。

2）和 3）当股价连续 3 天未能触及或突破前期创下的新高点时，箱体上轨才能确立。反过来对于箱体的下轨也是如此。也就是说先是股价创出新高，之后连续 3 天未能触及或突破这一新高就算箱体上轨确立，只有上轨确立之后下轨才能确立，方法正好与上轨相反。

4）在箱体确立上轨的同时确立下轨是不可能的，但在同一天甚至同一小时中确立箱体的上下轨是有可能的。不过这种情况很少出现。

5）新箱体的下轨不一定非得是旧箱体的上轨，而且新箱体的下轨是股票自己走出来的，不是人为预测出来的。

6）我总是等到下一个新箱体的上下轨都牢固确立之后才上移止损位。一旦出现这种情况，我就把止损卖单设在新箱体的下轨之下一点点。

7）如果历史高点比箱体高点高，那么我会把停损买单挂在历史高点之上 1/8 美元处，同时把止损卖单挂在历史高点之下

1/8 美元处。

8）如果正好是在 4 月，我一般会同时参考这两年的高点来进行比较。

问：在消化您书中的材料时，我得出一个结论，即您给您的股票画图。我这样想可能完全错了，但是您的书给我的印象就是这样。如果您真的给您的股票画图，那么您画的是哪种类型的图呢？——是垂直的直线图还是点数图呢？

答：正如你所说，我的脑子就是绘图器。

因为我一次只对少数几只股票感兴趣，所以这少数几只股票的走势和成交量情况，已深深刻在我的脑海里。虽然我认为股票走势图对那些使用它们的人来说很有价值，但我本人很少看股票走势图。

问：企业并购、发现新油田等也能刺激股价上涨。您经常将企业并购、股票拆细、要约收购等视为短线收益吗？

答：您所举出的用来证明特定股票价格上涨的例子，可能主要属于短期现象，因此不符合我的技术分析－基本面分析相结合的方法，这一方法是建立在特定行业的长期成长性的基础上的，特别是建立在此类成长性行业中最强势的股票的基础上的。

如果有人寻求短线收益，那他就是交易员，这是另一种在股市中进行操作的方法，我个人并不提倡使用这种方法。